Gerhard B. Winkler

# Mönch oder Kanoniker?
# Bernhard von Clairvaux versus Norbert von Xanten.

PV

Gerhard B. Winkler

# Mönch oder Kanoniker. Bernhard von Clairvaux versus Norbert von Xanten

Patrimonium-Verlag 2017

Impressum

1. Auflage 2017

In der Verlagsgruppe Mainz

Printed in Germany

Erschienen in der Edition »Patrimonium Cisterciense«

Patrimonium-Verlag
Abtei Mariawald
52396 Heimbach/Eifel
www.patrimonium-verlag.de

Herstellung und Vertrieb:
Druck & Verlagshaus Mainz GmbH
Süsterfeldstraße 83
52072 Aachen

www.verlag-mainz.de

Abbildungsnachweis (Umschlag):
Vorderseite: *www.heiligenlexikon.de/BiographienB/Bernhard_von_Clairvaux.htm, Joachim Schäfer (o. r.); https://www.heiligenlexikon.de/Fotos/Norbert_von_Xanten1.jpg, Joachim Schäfer (l. u.)*

ISBN-10: 3-86417-060-5
ISBN-13: 978-3-86417-060-7

# Inhalt

# Vorwort

Mönch oder Kanoniker. Bernhard *versus* Norbert? Die Augustiner Chorherren zwischen Charisma und Spiritualität.[1]

Diese Studie sollte u.a. auch nach den Grundsätzen einer »Komparatistik« betrieben werden, d.h. mit dem methodischen Versuch, den gewählten Gegenstand der Forschung (die »*res verbi*«) »*vergleichsweise*« aus einer Reihe von unterschiedlichen Aspekten her (den »*signa*«) zu betrachten, zu erwägen, zu reflektieren und zu beurteilen. Diesen Weg empfiehlt schon der hl. Augustinus (†430) in seinen vier Büchern *De doctrina Christiana*. Dieses Handbuch seiner einflussreichsten »humanistischen«, hermeneutischen, homiletischen und sprachphilosophischen Schriften (396–426)[2] wurde zu einem Markstein der frühen Geistesgeschichte westlicher Gelehrsamkeit

Das Thema wurde durch meinen evangelischen Kollegen Ulrich Köpf aus Tübingen angeregt, der mir wie-

---

1 900 Jahre Augustiner Chorherrenstift Reichersberg, Linz 1983, hrgb. Floridus Röhrig, 15 ff.

2 Berthold Altaner, Alfred Stuiber, Patrologie, Freiburg. Br. 1978/1980, 430.
Guilemus M. Green, ed., Augustin, *De doctrina Christiana*, in: CSEL 80 (1963), 1–169.
Joseph Martin, ed., CCh., Series Latina 32, Turnholt/ Würzburg 1962, Libri IV, 7–167.
Erasmus, *Ratio verae theologiae. In novum Testamentum Praefationes*, übers., eingl., Anm. Gerhard B. Winkler, in: Ausgewählte Schriften, hrgb. Werner Welzig, 3. Bd. Darmstadt 1967, 117–495.

derholt gestand, er meine zwar das katholische Mönchstum zu verstehen, nicht aber die Kanonikeridee und die asketische Lebensweise der Kanoniker. Die mittelalterliche und frühneuzeitliche »Kanonie« oder die »Stifte« seien ihm weithin ein Rätsel, wie er meinte. So widmete er sich diesem Thema als Mediävist in einer Reihe sehr gekonnter Studien. Das Thema wurde auch Gegenstand gelehrter interkonfessioneller Kongresse und Tagungen, deren Ergebnisse ich hier zu referieren gedenke. Denn nach meiner Überzeugung verdankt ihnen die gelehrte Welt insgesamt Bleibendes.

Man müsste nachforschen, ob diese vermeintlichen Schwierigkeiten möglicherweise in der großen Tradition des reformatorischen Verständnisses des geistlichen Amtes zu suchen sind: Danach würden z. B. kanonische und »kanonistisch« einklagbare Verpflichtungen etwa auch des Dekalogs, der christlichen Traditionen, der »Kirchengebote«, der Gelübde und präziser der Standespflichten als nicht mehr genügend »evangelisch« befunden werden, wenn sie für Würdenträger wie Pastöre, Superintendenten oder Landesbischöfe gelten sollten. Im *Curriculum* der evangelischen Theologenausbildung nimmt ja bekanntlich nicht zufällig auch das Kirchenrecht vergleichsweise eine marginalere Rolle ein als in der uralten katholischen Tradition.

Bildhaft könnte man sich erinnern und festhalten, dass alte Mönchsklöster vor dem Einfluss »kanonischer« Bestrebungen z. B. nur einen Dachreiter mit einem Vesperglöckchen besaßen, um die Mönche rechtzeitig zum *Opus Dei* zu versammeln. Als die Idee der »Kanonie« auch Mönchsklöster im Laufe der frühen Neuzeit erfasste, als aus monastischen Kirchen im Laufe des 18. Jahrhunderts Pfarrkirchen wurden, da entschlossen sich die Mönche auf einmal, monumentale Glockentürme zu bauen, um Pfarrholden, bäuerliche Untertanen von nah und fern, Dienstpersonal, Pilger, Gäste, schließlich »Andächtige« und »suchende Seelen«, schlicht und einfach, zum Gottesdienst einzuladen.

So wurden bekanntlich auch verschiedene Signale durch das Medium der Kirchenglocken gegeben: für den Beginn des Gottesdienstes, für das Wandlungsläuten, für die Anbetung des Allerheiligsten, für die Elevation der konsekrierten Hostie auf dem Höhepunkt der Messe, für das »Zügnläuten« der Sterbenden, die sich in den letzten »Zügen« befinden, für die Begräbnisglocken, für das Prozessionsgeläute etc., sowie das »Zaum«- Läuten« (d.h. das Zusammenläuten), wenn die Symphonie aller Glocken harmonisch aufgeboten werden sollte, um besondere Festlichkeit »einzuläuten«.

Das klassische Mönchstum mag durch den Dachreiter und das Vesperglöckchen charakterisiert sein, wie wir sie heute noch z. B. in kontemplativen Gemeinschaften vorfinden. Das Kanonikerstift dagegen zeichnet sich weithin durch den kraftvoll barocken Glockenturm aus. Vielleicht kann man sagen, dass die Kanoniker von Berufs wegen »Prediger« sind und auch das Gemeinschaftsleben (die *vita communis*) als Mittel zur Vorbereitung ihrer apostolischen Verkündigung verstehen.

Diese Zeilen sollen auch in dankbarem Gedenken meinem Regensburger Kollegen Norbert Brox gewidmet sein. Er arbeitete am fünften und letzten Band seiner Irenäusausgabe »*Adversus haereses*«, als ihn die Schmerzen seines tückischen Leidens an das zu frühe Sterben erinnerten. Er konnte jedoch noch im Freundeskreis fast strahlend sagen: »Ich habe mein Werk doch beendigt: Ich bin bereit!«

*Gerhard B. Winkler*

# I.

(1) Nach der Benediktus-Regel dürften weder »regellose Sarabaiten« die Klöster bevölkern, d.h. spirituelle Eigenbrötler, noch sollten diese als Wandermönche, d.h. als »Gyrovagen«, ihr Leben fristen, also als bessere mönchische »Landstreicher«. Auch sollten sie für gewöhnlich nicht als unerfahrene, durch Einsamkeit, Kargheit und Klima gefährdete »Anachoreten«, d.h. als »Einsiedler«, leben. Vielmehr müssten die üblichen Mönche zu ihrem Begriff des »kanonischen Rechts« in Beharrlichkeit und Treue stehen: als durch einen »Kanon« Geregelte, als »Regeltreue«, d.h. mit einem Wort als »Religiosen«.[3] Die Mönche, ja sogar die Einsiedler und Eremiten waren in diesem Sinne von Berufs wegen »Kanoniker«.

Nach dem hl. Vater Benedikt sind also die »Zönobiten« die lobenswerteste Art von Mönchen, weil sie bestens erprobt seien. Die »Eremiten« wären für ihn auch ein sehr achtenswerter Stand. Nur sei er ausschließlich für eine sehr erlesene Schar nützlich. Denn sie entschieden sich für eine überaus gefährliche Lebensweise: Menschlich gesprochen müssten sie allein den Kampf mit den Dämonen aufnehmen. Für sie gelte auch die Warnung für Einzelgänger: »*Vae soli*«.

Drittens verkörperten die »Sarabaiten«, wie sie Benedikt schildert, den von Adam ererbten Eigenwillen: Sie hielten nur das eine, was sie *privatissime* für richtig er-

---

3 Rudolphus Hanslik, hrgb., *Benedicti Regula* (RB), »*De generibus monachorum*«, in: CSEL 75, Wien 1960, 17–19.

achteten, oder was ihnen, *sit venia verbi,* in ihren individuellen »Kram« passte, nach der Formel »*Bona sunt quae placent*«. Sie frönten einer Willkürmoral, ähnlich jener der vierten Gattung, der »Gyrovagen«: Diese hielten sich für »Wandermönche«, die unter dem Vorwand apostolischer Armut und apostolischer Beweglichkeit nicht beweisen könnten, dass sie auch zu einer gewöhnlichen geistlichen Beständigkeit, also zu einer schöpferischen »Stabilität« und Treue grundsätzlich geeignet seien: D.h., sie hielten es nirgends länger im Frieden aus: Zum schlichten Klosterleben mangelte ihnen daher eigentlich überhaupt die grundsätzlichste Befähigung. Daher Schwamm über diese »Gattung«: »*Melius est silere quam loqui.*«

Unsere eingangs gestellte Frage könnte überflüssig erscheinen, wenn wir die Definition beachten, welche seit Jahrhunderten nicht nur in den Sanktionen des Kirchenrechts, sondern auch in der allgemeinen Wertschätzung durch das Volk üblich wurde. Vielleicht könnte man das erste (das »Charisma«) als geistliche Berufung bezeichnen, die durch die Novität der christlichen »Bekehrung« in Glaube, Hoffnung und Liebe gekennzeichnet ist, während das zweite (die »Spiritualität«) jene Formen geistlichen Lebens und religiöser Gestaltung übernimmt, die durch Beruf, Familie, Stand, Zeitbedingtes, soziale Nöte und seelsorgerlichen Bedarf, dazu durch geschichtliche Besonderheiten aller Art gekennzeichnet sind.

So werden etwa ein verheirateter Geschäftsmann, eine Ehefrau und Mutter eine »Spiritualität« haben müssen, die sich von der »Geistlichkeit« der Nonnen, Priester und Mönche zwar in vielem unterscheidet. In der allgemein christlichen Gnadengabe aber, z. B. auch im Charisma der Taufe, der Firmung und aller anderen Sakramente, könnten und müssten sie allerdings total eins sein.

Die neuen und vorbildhaften Kanonikergestalten wie Friedrich Gustav Kardinal Piffl (†1932) und der unvergessene Pius Parsch (†1954) waren dem Autor[4], wie manch anderem Katholiken Österreichs, inspirierende Wegbereiter. Wir hatten auch zunächst unabhängig von Andreas Redtenbacher dessen Begriffspaar »Charisma und Spiritualität« aufgegriffen. Wir wollen es dem Leser überlassen, festzustellen, ob nicht die Einbeziehung der Bernhardinischen Welt und ihrer Texte in die Welt des hl. Augustinus von Hippo (†430) überraschende Einsichten ermöglicht, die vorher nicht so selbstverständlich waren.

Das geistliche »Brüderpaar« Bernhard und Norbert bleibt nicht nur für das 12. Jahrhundert, sondern auch für unsere Zeit einem Weckruf gleich, der nie langweilig, immer anregend und, mit einem Wort, für ein stets anziehendes Thema gut ist.

Die Mönche zählte man zu den »Religiosen«, weil sie nach feierlichem Versprechen und kirchenrechtlich abgesicherten Gelübden in Kenntnis einer »*Regula*« ein geregeltes Leben führen sollten – z. B. nach der Benedictus-Regel in Gehorsam (*obedientia*), in klösterlichem Lebenswandel (*conversatio morum*) und Beständigkeit (*stabilitas loci*), oder mit anderen Worten: In »Armut«, »Keuschheit« und »Gehorsam.« Oder, wie Benedikt in seiner Regel schreibt: Als »wahre Mönche« träten sie in die treue *militia Christi* ein.[5]

4 Floridus Röhrig, hrgb., 900 Jahre Augustiner Chorherrenstift Reichersberg, Linz 1983: Der Zitation der beiden prominenten Klosterneuburger kann sich zumindest jeder österreichische Patriot anschließen, der die kirchliche Liturgier liebt. Der »Sudentendeutsche« Pius Parsch hat immerhin bleibende Liturgiegeschichte gemacht

5 »Militans sub regula uel abbate«, RB, 1, 2: »...uni regi militatur«: RB 61,10, ed Rudolphus Hanslik, *Benedicti Regula* (RB), in: CSEL 75 (1960), 261: zum Stichwort »militare«.

# II.

(2) *Ad mensam Episcopi*: Die Tischgemeinschaft des Klerus mit dem Bischof hat zunächst auch einen uralten gesellschaftlichen wie rechtlichen Charakter:

Wie es auch unser Gewährsmann[6] vertrat, haben die evangelischen Räte der »Armut, Ehelosigkeit und des Gehorsams«[7] einen besonderen Zeichencharakter[8] für das, was in der Taufe wirklich geschieht: Die »Verfügbarkeit für Gottes Herrschaft in der jeweiligen Stunde von Geschichte, Situation, gesellschaftlicher Entwicklung und Kirche«. Das sei als solche auch »Erbauung«. Das könnte zudem heißen: »Mitarbeit am Aufbau des Leibes Christi.«[9] Das hieße wiederum: Spiritualität als Konkretisierung der Gnadengabe zur Lösung der alltäglichen Herausforderungen des Reiches Gottes in »Glaube, Hoffnung und Liebe«.

Seit den Tagen der Apostelgeschichte gehörte die Handhabung des gemeinsamen Kirchenbesitzes zu den Prüfsteinen des wahren Christentums. Das Schicksal von Ananias und Saphira (Apg 5,1–11) wurde so auch in monastischem Schrifttum sprichwörtlich und als abschreckendes Beispiel zitiert (RB 57,5). So gehörte die gewissenhafte Verwaltung der *temporalia* seit apostoli-

6 Andreas Redtenbacher, Zukunft aus dem Erbe. Charisma und Spiritualität der Augustiner Chorherren, Innsbruck, Wien 2007, 71–80: »Berufung als Betroffenheit«.

7 Ebd., 72 ff.

8 Ebd., 73.

9 Ebd., 77.

scher Zeit z. B. auch vorrangig zum Tugendkatalog eines brauchbaren Bischofs.

Die seit dem kirchlichen Altertum praktizierte Vierteilung und Verwaltung des Kirchenvermögens dürfte altkirchlich teilweise auch nach den Anregungen, Erfahrungen und Errungenschaften des römischen Beamtenrechts vorgenommen worden sein:

1. Erstens diente ein Viertel des Besitzes der »Kirchenfabrik«, d. h. dem Kirchenbau, der Kirchenerhaltung und etwa dem Aufwand für Beleuchtung, Kirchenschmuck, Reinigung und Instandhaltung jeder Art.
2. Zweitens war ein nächstes Viertel für den Bischof und seine Gäste bestimmt, für die Verpflegung und für die Unterkunft von »Ross und Reiter«. Bekanntlich leitet sich sogar der Begriff »Pfarrei – *parochia*« sinngemäß von »Herberge« ab. Ursprünglich stand der Begriff *parochia* synomym auch für die »Diözese«: D. h., Pfarreien, Klöster, Bischofshäuser waren Raststätten für die wandernde »Kirche«, wo man bei Glaubensbrüdern wie bei Verwandten abstieg. Die »Parochien« hatten daher auch in der »Pilgerbetreuung« als Rastplätze zu dienen. Sie hatten den Vorzug vor irgendwelchen Herbergen oder Straßenhöfen. Die Pilger konnten ein kleines Heiligtum, einen Gebetsraum oder eine Hauskapelle sogar mit einem »Messeleser« vorfinden. Die Briten hatten sich ihre diesbezüglichen »*chantries*« bis ins 16. Jahrhundert erhalten. Ein solcher »Benefiziat« sollte aber vor allem auch schön singen können.
3. Drittens war ein weiterer Teil für den Unterhalt der Presbyter bestimmt. Es waren Einkünfte, die man später die Pfarrpfründe nannte.
4. Viertens gehörte der letzte Teil zur Armenpflege, die besonders von Diakonen, Presbytern, Pfarrern, Ka-

nonikern und auch Bischöfen auszuüben war. Dazu hatte vor allem auch die Fürsorge für die Verstorbenen im Totenritus, bei den Seelenmessen und beim Fürbittgebet ihren Platz: D.h. vor allem, dass auch die Armen für die »armen« Seelen zu beten pflegten und dafür »ausgespeist« wurden. Das galt für die Klöster, die offensichtlich oft primär für die »Pflege« der verstorbenen Stifter, ihrer Familien und ihrer entschlafenen Standesgenossen gegründet worden waren. So hatte ein adeliger Herr, ein Fürst oder eine sonstige Standesperson als Kirchenstifter schon zu Lebzeiten für seine »Grablege« zu sorgen, in einem Kloster, in seiner Eigenkirche, oder sogar in seiner Kathedrale.

(3) Als »Kanoniker« galten wenigstens der Sache nach Kleriker und Priester, die sich an der *mensa Episcopi* mehr oder weniger zu einer Art *Vita communis* versammelt trafen. Im »katholischen Missionsland« des Frankenreichs, vor allem in Aquitanien, kannte man bereits 535, zwei Dutzend Jahre nach Chlodwigs Tod († 511), Begriff und »Sache« des »Kanonikertums«[10], wie wir gesehen haben. Das ist bemerkenswert. Chlodwig I. († 511) hatte sich entschieden, gegen die politischen Intentionen des Arianers Theoderich des Großen, des Königs der Ostgoten († 526 in Ravenna) gewehrt, ja keine germanisch-arianische Allianz einzugehen. Zweifellos hatte der Merowinger sicher auch den politischen Vorteil erkannt, der ihm durch seine katholische Taufe (496) von den aquitanischen Bischöfen vor allem versprochen worden war. Dies war eigentlich im Sinne Roms, seiner katholischen Gattin aus Burgund, der hl. Chrodechilde (Clothilde, † 545),

10 Rudolf Schiffer (Bonn), Art. »Kanoniker«, in: LexMA 5 (1991), 903 f.

und einer großen Mehrheit der italischen und gallischen Urbevölkerung. Diese vermochte er auch durch die katholische Taufe in der Kathedrale von Reims (596) nach einer Zeremonie im aquitanischen Tours für sich zu gewinnen. Zusätzlich konnte er so unter anderem eine Reihe von divergierenden Ethnien der alten *Romanitas* im antiken Gallien vereinen: die italischen, keltischen, friesischen, bretonischen, westgotischen, burgundischen, (später) normannischen und katalanischen. Dass der katholische Kirchen-Wortschatz für »Kanon, kanonisch und Kanoniker« schon eine Generation nach der Taufe Chlodwigs und seiner Gefolgschaft in Tours, bzw. Reims (496), so bald benützt und offensichtlicherweise auch verstanden wurde, darf wohl auf eine ziemlich reibungslose Etablierung der katholischen Mission und kirchlicher Rechtsvorstellungen zurückzuführen sein.

Die »Kanoniker« führten bereits eine Amtsbezeichnung für ordinierte Kleriker, die unter der Leitung eines Bischofs oder eines Erzpriesters gemeinsame Liturgie feierten.[11] Schon Karl Martell (†741), fränkischer Haus-

---

11 Ebd., Der Begriff »Kanoniker« ist bereits 535, keine ganze Generation nach der säkularen Taufe des Frankenkönigs Chlodwig in Tours bzw. Reims bereits im Frankenreich belegt. Er verrät bereits auch schon die kirchlichen Ränge neben und unter dem Bischofsamt.

Berthold Altaner, Alfred Stuiber, Patrologie, Freiburg Br. etc. 1980, 45 ff.

Klaus Schatz, Der päpstliche Primat. Seine Geschichte von den Ursprüngen bis zur Gegenwart, »Religiös-geistliche Bedeutsamkeit der römischen Kirche«, Würzburg 1990, 16–19.

Text:

S. Clemens Romanus, Papa, *Epistola ad Corinthios* I, (96/98), in: M. J. Rouet de Journel, *Enchiridion Patristicum*, Freiburg Br. 1959, 5–11: Im Korinth der ersten nachpaulinischen Generation wollten sich unruhige Kreise der »Presbyter« entledigen, weil ihnen das bloße Bischofsamt genüge. Der sog. Clemensbrief mit seinen Emissären ermahnte die Korinther, den Pres-

meier und erfolgreicher Sieger über die Sarazenen bei Tours und Poitiers (732), hielt persönlich große Stücke auf Geistliche, die sich durch die Kanonikerregel verpflichten ließen. Diese Tatsache unterstreicht auch die kirchliche Selbstverständlichkeit des dreifachen geistlichen Amtes, der Bischöfe, Presbyter und Diakone. Diese Dreiheit galt schon in der frühen spätapostolischen Zeit des zu Ende gehenden ersten Jahrhunderts. Das bezeugt besonders deutlich der sog. Erste Clemensbrief der römischen Gemeinde, der an die zerstrittene »Kirche« der Korinther gerichtet war. Es gab nämlich bekanntlich unruhige Kräfte in Korinth, welche die erforderliche Notwendigkeit des Presbyterats neben dem Episkopat in Frage stellen wollten. Etwas freier ausgedrückt hieße das, dass die Korinther keine »Kanoniker« haben wollten, d.h. keinen *Ordo* zwischen den Episkopen und den Laien.

Das heißt, der glaubensmäßige »Antiklerikalismus«, wie ihn schon die Korinther des ersten nachchristlichen Jahrhunderts vertraten, weist eine seltsame Ähnlichkeit mit dem Antiklerikalismus der Katharer des 12. Jahrhunderts auf – und etwa auch mit freikirchlichen und antiklerikalen Strömungen der Reformationszeit.

Dass das Kanonikertum im Frankenreich 535 (d.h. nur eine Generation nach der Taufe Chlodwigs in Tours bzw. Reims (496) erstmals belegt ist, verdiente durchaus, nicht missionsgeschichtlich unterschätzt zu werden. Eine ostgotische Oberherrschaft über Gallien allein, wie Theoderich der Große sie im Schilde führte, hätte wahrscheinlich zu einer Art »Islamisierung« Europas geführt.

byterat zwischen Bischofsamt und getauften Laien (d.h. das »Kanonikertum«), nicht abschaffen zu wollen. Denn das entspräche nicht dem Beispiel und der Lehre der Apostel. Dieses aber stamme vom Herren persönlich.

Denn der kulturgeschichtlich vielgerühmte spanische Islam hätte sich theologisch und ideologisch mit den arianischen Westgoten bestens verstehen können, hätten nicht die beiden Erzbischöfe von Sevilla, der hl. Isidor »Hispalensis« (†636) und sein Bruder, der hl. Mönch und Erzbischof Leander (†601) diesen großen Teil zur *Romanitas* bekehrt. Diesem ihrem »Romanisierungs«- und Bekehrungsprozess kam die tatkräftige Hilfe Gregor I. des Großen (†604) zu Hilfe. Denn dieser Papst konnte schon seine Erfahrung mit der Bekehrung der arianischen Langobarden, der Vorfahren der Lombarden benützen. So wusste er wohl besser als andere, wie man mit Arianern und Goten umzugehen hätte, sollten sie rechtschaffene Katholiken werden wollen. Die Arianer hielten nichts von der Gottheit Jesu im Sinne der ersten fünf Ökumenischen Konzilien Nizäa (325), Konstantinopel I (381), Ephesus (431), Chalcedon (451), Konstantinopel II (553).[12]

Diesbezüglich hätten sich die Gegner dieser Konzilsbeschlüsse mit den gebildeten Muslimen in Cordoba, Toledo und Salamanca hinsichtlich der Lehre von Christus und der Dreifaltigkeit bestens verstanden. Denn die arianischen Christen hätten, mit den Muslimen vergleichbar, »die Gottessohnschaft Jesu« der Konzilien abgelehnt. Der Prophet Mohammed (†629) hätte ihnen wegen ihres »Christusverständnisses« offensichtlich nähergestanden als die vier Evangelisten und der hl. Paulus von Tarsus (†65) zusammen. Mit der konziliaren Christologie und Trinitätslehre hatten die Muslime langfristig ihre allerbesten Gesinnungsgenossen auf der iberischen Halbinsel verloren.

12 Hubert Jedin, Kleine Konziliengeschichte, Freiburg/Br. etc. 1960, 136 ff.

(4) Man verwandte auch auffallend bald die griechische Version des biblischen Begriffs *clerici*[13] für *canonici*. Das sollten aller Wahrscheinlichkeit nach »Priester« bedeuten, die mit ihren Bischöfen die Beschlüsse vor allem der großen Konzilien, d. h. die »*canones*«, freudig kennen lernten, annahmen, verkündeten und ihr Leben danach einrichteten. Diese sollten demnach wohl auch eine geistliche Stütze der vielfach wegen dieser »Orthodoxie« angefeindeten »konzilstreuen« Bischöfe sein, weil sie ihren Lebenswandel, ihre pastorale Unterweisung und auch die Schrifterklärung u. a. nach diesen *Canones* (den »Maßstäben«) der in den Konzilien wirksamen Gesamtkirche ausrichteten.[14] Die »Kanoniker« sollten »Maßstab« dafür sein, was es heißt, Christ zu sein. Sie sollten vorleben und zeigen, wie man nach diesem Maß das Verhalten von Christen beurteilen wird. Sie sollten einen »Kanon« (sozusagen »Katechismus«) für den Glauben der kirchlichen Tradition bilden.

(5) Das waren die »Kanoniker«, die man später auch »Augustiner« nannte, weil die Priestergemeinschaft in

---

13 Im AT und NT »*clerus*« als Los, das zugeteilt wird: Deut 4,20; 9 29; 1Petr 5, 3; Apg 1,17. Heinrich Flatten (Tübingen), Art. »Klerus«, in: LThK 5 (1961), 336–339, 336 f.

14 Friedrich Kluge, Etymologisches Wörterbuch, hrgb. Walter Mitzka, Berlin 1960,
Art. »Kanon«, 346: ursprünglich ›gerader Stab‹, ›Richtschnur‹, ›Kirchen-Gesetz‹. Ein Stichwort »Kanoniker« fehlt.
Allerdings erfolgt ausführliche Behandlung bei Heinrich Flatten (Tübingen), Art. »Kanoniker«, in: LThK 5 (1960), 1287f und:
Rudolf Schieffer (Bonn), Art. »Kanoniker«, in: LexMA 5 (1991), 903 f.: Die Bezeichnung »Kanoniker« ist, wie schon erwähnt, 535 eine Generation nach Chlodwigs Taufe im Frankenreich erstmals belegt.

Hippo und zahlreicher vor allem afrikanischer[15] Priestergemeinschaften allmählich für die gesamte Christenheit zum Vorbild wurde. Sie hatten, mit einem Wort, »Schule gemacht«. Außerdem zog ein Heiliger von Format des hl. Augustinus (†430) so viele Heilige heran, die zugleich große Schriftsteller, Lehrer und Philosophen waren. So wurden diese christlichen Gelehrten für die Gläubigen auch etwas wie eine Bildungsquelle, d.h. eine Lebens-»*regula*«. Alles Schrifttum, das uns diese begnadeten Autoren hinterließen, war wie eine »Regel« geschrieben, die durch die kirchlichen Jahrhunderte bis zum heutigen Tag nichts an Kraft verlieren konnte. Die Texte dieser »Kirchenväter« aus Ost und West sind auch heute noch notwendiger Bestandteil des »kanonischen« Offiziums. Sie werden im kirchlichen Stundenbuch des katholischen Klerus und besonders auch im orthodoxen Mönchstum täglich und regelmäßig zwischen Psalmen, Hymnen, Antiphonen und Responsorien vorgetragen.[16] Karl Martell (†741), der auch später die Königskrone der Westfranken trug, war bekannt für seine Wertschätzung des Kanonikerstandes, wie wir schon festgestellt haben: Der Staatsmann, dem es gegeben war, die Sarazenen bei Tours und Poitiers (732) entscheidend

15 Floridus Röhrig (Klosterneuburg), Die Augustiner Chorherren. Ordensgeschichte und Ordensgegenwart, in: 900 Jahre Augustiner Chorherrenstift Reichersberg,, Festschrift, Linz 1983, 15–21, 15: »...Sein Beispiel machte Schule, zu Beginn des 5. Jahrhunderts dürften solche Klerikerklöster häufig gewesen sein, vor allem in Nordafrika.«

16 Über den Zeitbegriff des hl. Augustinus von Hippo: Erstes Kapitel: »Zum monastischen Umgang mit der Zeit«, in: Gerhard B. Winkler, Monastikon. Beiträge zum kulturgeschichtlichen Umfeld des Zisterzienserordens, zu seiner Theologie und Spiritualität, Aachen 2012, 18–23, 18 ff. Die »*memoria*« als »Stütze der Gottsuche«: *Confessiones*, Lib 10, 8–26, in: CSEL 34, 234–255.

und nachhaltig hinter die Pyrenäen zurückzudrängen, wusste die Notwendigkeit des Instituts der Kanoniker zu schätzen. Offensichtlich hatte er es verstanden, dass das kanonische Leben etwas mit Bildung und dem unverfälschten Evangelium zu tun hat und daher zu den ersten Lebensäußerungen der Missionsgeschichte gehört. Er bejahte die kirchlichen Strukturen zumindest der Westgermanen und vor allem, wie man sieht, der salischen Franken. Immerhin hatte auch die burgundische Gattin Chlodwigs, die hl. Chrodechilde (Clothilde, †545), eine nicht wenig bedeutsame Bevorzugung der romanischen Katholiken des alten Gallien befürwortet, vor allem im westgotischen und römischen Aquitanien. Die Zukunft gehörte mit Hilfe von Königinnen und Päpsten nicht dem Priester Arius (†336), sondern dem hl. Eremitenfreund Athanasius (†373), dem Bischof von Alexandrien und der Säule der Beschlüsse des Ökumenischen Konzils von Nizäa (325).

# III.

(6) Die Lateranensischen Chorherren und der Investiturstreit. Durch die Gregorianischen Reformen des 11. und 12. Jahrhunderts und durch ihre notwendig gewordenen höheren Ansprüche an den Seelsorgeklerus kam es im Bereich der lateinischen Kirche zu der bekannten Blüte, den »regulierten« Kanonikern des hl. Augustinus. Der Ruf nach einer *Vita communis* sowohl des klassischen Mönchstums wie auch der Kleriker und Priester wurde auch von Papst und Bischöfen als Zeichen der Kirchenreform insgesamt verstanden. Dabei wurden die verschiedensten Richtungen der Ketzerbewegung in Frankreich, Italien, auf dem Balkan und im Reich als »Menetekel« aufgefasst, wenn nicht als Anzeichen für das entscheidende Kommen des »Antichristen«. Diese geradezu eschatologischen Umstände und Befürchtungen sollte die Christen zum äußeren und inneren *passagio*, zur großen Wallfahrt, ja sogar zum bewaffneten »Kreuzzug« und wohl auch gelegentlich zum Klostereintritt motiviert haben.

Schon unter Alexander II. (†1073), unmittelbar vor und dann unter Papst Gregor VII. (†1085), dem legendären Streiter für die Freiheit und Reinheit der Kirche, wurde die Lateranbasilika als erste Kirche der Christenheit erlesenen »Chorherren«, den Klerikern der römischen Basilika vom ehedem kaiserlichen Lateranpalast, den sog. »Lateranensischen« Chorherren, übertragen. Dass dieses Gremium zwar einen etwas elitären Charakter annahm, war nicht ganz verwunderlich. Diese

»Augustiner« sollten ja auch zum Vorbild der gregorianischen Reformen und des gregorianischen Geistes werden. Dessen Zentren waren nicht nur in Rom zu finden, sondern vor allem auch z. B. in Lothringen, in Burgund und – *last, but not least* – im ganzen »Heiligen Römischen Reich deutscher Nation«.

Der Augustinische Lateranpalast mit der päpstlichen Mutterkirche der Christenheit sollte nebenbei den Rang der oberhirtlichen Wirkungsstätte einer universalen Christenheit einnehmen, die ihre hohen Ziele der spirituellen Erneuerung und der spirituell notwendigen Emanzipation vom *Sacrum Imperium* nie ganz vergessenen hatte.

Das hatte schon der Vorgänger Gregors VII. (†1085), nämlich Alexander II. (†1073) aus dem lombardisch-toskanischen Lucca (†1073) im Auge, als er 1063 dieses Anliegen im Lateranpalast dekretieren ließ.[17] Die österreichischen Chorherren nannten sich deshalb seit eh und je »Lateranensische« Chorherren – immer auch mit einem gewissen Stolz. Denn die Stifter von Klosterneuburg, den hl. Markgraf Leopold (†1136) und dessen zweite Gattin Agnes (†1156), durfte man getrost auch als »lateranensisch« bezeichnen. Die Markgräfin war übrigens Witwe des Herzogs Friedrich von Schwaben, gleichfalls Kaiser Heinrichs III. und Mutter Heinrichs IV. gewesen. Nach der geplanten Schlacht am Regen nördlich von Regensburg (1106) zwischen dem kaiserlichen Vater (Heinrich IV.) und dem Sohn (Heinrich V.), wurde sie schließlich die Gattin des hl. Markgrafen Le-

17 Michael Schmid (Klosterneuburg), in: Art. »Chorherren« bzw. »Lateranensische Chorherren«, in: LThK 2 (1958), 1083–1088, 1084. F. L. Cross (Oxford), ed., Art. »Augustinian Canons,« in: The Oxford Dictionary of the Christian Church, London etc. (1957), 109.

opold (†1136) aus der Mark ob und unter der Enns.[18] Diesem sollte sie noch den sel. Otto, Bischof von Freising (†1158), und den Erzbischof Konrad II. von Salzburg (†1168), neben einem Dutzend von Söhnen und Töchtern, schenken.[19]

(7) Allerdings verstanden die Zeitgenossen auch die Bezeichnung »Augustiner«. Sie trugen noch bis ins 16. Jahrhundert das weiße Ordensgewand wie ihre »Brüder«, die Prämonstratenser des hl. Norbert (†1134), wie die Dominikaner und auch die Augustiner-Eremiten, deren strengerer Observanz schließlich auch Martin Luther (†1546) angehörte; dazu sein in der Erzabtei St. Peter zu Salzburg bestatteter ehemaliger Lehrer und Beichtvater Johannes von Staupitz (†1524). Dieser hatte, nebenbei bemerkt, zuletzt von München kommend, die Stellung des Dompredigers in Salzburg inne, sowie, mit großem Erfolg, die Kanzel in der späteren Franziskanerkirche (1585). Er verwaltete die traditionelle Predigt-Domäne der Bettelorden zu Salzburg. Von hier aus war auch der kurzfristig bestehende Augustiner-Chorfrauen Konvent regelmaßig geistlich be-

18 Zur direkten Verwandtschaft mit Kaiser Friedrich Barbarossa (†1190) und König Konrad III. (†1152) aus dem Geschlecht der Hohenstaufen: Gerhard Taddey, Hrgb., Lexikon der deutschen Geschichte, Stuttgart 1979, Art. »Agnes, Herzogin, Kaiserin, bzw. Markgräfin«, 16. Vgl. Ludwig Vones (Köln), Art. »Leopold«, in: LThK 6 (1997), 843.

19 Markgräfin Agnes. Karl Hampe, Deutsche Kaisergeschichte in der Zeit der Salier und Staufer, hrgb. Friedrich Baethgen, Darmstadt 1963, »Das Reich während der Minderjährigkeit Heinrichs IV. (1056–1065)«, 35–43, 35.
Der Autor bemerkte, dass die gregorianisch eingestellte, aus Aquitanien stammende Kaiserin als Markgräfin und kinderreiche Gattin des hl. Markgrafen Leopold von Österreich ihre Bestimmung gefunden habe.

treut worden. Von Staupitz († 1524) wurde schließlich vom Erzbischof, Kardinal Matthäus Lang von Wellenburg († 1540), für die letzten Jahre seines Lebens zum Abt der Benediktinerabtei St. Peter in Salzburg eingesetzt. In der dortigen Marienkapelle auf der Evangelienseite der Klosterkirche fanden sich auch in jüngster Vergangenheit immer noch Beter an seinem Grab.

IV.

(8) Der hl. Norbert von Xanten und die neuen Reformkanoniker waren die Gründer von Prémontré (1120) unweit von Lâon in der Erzdiözese Reims und der Grafschaft Champagne. Das war ein Kompromiss bzw. eine höhere Fügung. Denn der hochadelige Kanoniker von Xanten musste mit einer glänzenden Position im Reich rechnen. Seine gewöhnlichen Bemühungen, die Amtsbrüder in Xanten für ein geistlicheres Leben zu gewinnen, war anfangs kläglich gescheitert.

So hatte er es zunächst mit dem an sich idealistischen und ärmlichen Beruf eines Wanderpredigers versucht. Schließlich musste er erkennen, dass diese Nachahmung der »armen« Ketzer auch ihre Gefährlichkeit in sich barg. Der hl. Norbert von Xanten entschloss sich schließlich, auch für seine »Kanoniker« feste Klosterformen als Abtei oder »Propstei« zu finden. Mit der Gründung der strengen Kanonie (1120) in Prémontré (bei Lâon) für den Klerikerstand kam es zu einer priesterlichen Reformbewegung ersten Ranges, die durchaus etwa mit Cluniazensern und Zisterziensern gleichzuziehen vermochte. Davon hätten die »Ketzer« als notorische Kritiker der »reichen« Kirche nur träumen können. Bernhard und Norbert kamen sich damals sehr nahe. Eine Ernennung zu einem niederländischen Bischofssitz, dem »gräflichen« Hochstift Cambrai an der Schelde, hatte Norbert 1113 abgelehnt, bis er sich der Metropolitenwürde des Erzbistums Magdeburg und dem Institut des Reichsbistums sowie der damit gegebenen politischen Verpflichtungen als »Reichskanzler« des

Heiligen Römischen Reiches deutscher Nation (für Italien 1133) nicht mehr zu entziehen vermochte.

Seinen letzten Lebensabschnitt wirkte er von 1126 bis 1134 als Erzbischof von Magdeburg. Die damit verbundene Stellung eines *quasi* polnischen »Primas« war ihm strenggenommen versagt. Ein dichter Kranz von niedersächsischen Kanonien verwirklichte die wichtigste Alternative zu Cîteaux im 12. Jahrhundert.[20]

Für Bernhard waren, global gesehen, alle Träume von der Reformierung des Klerus innerhalb einer Generation erfüllt. Umso befremdender muss es für ihn gewesen sein, dass kleinliche Querelen zu Konflikten zwischen den Prämonstratensern und Zisterziensern führten. Norbert wirkte schon längst segensreich in seinem Erzbistum Magdeburg als Oberhirte und im ganzen Heiligen Römischen Reich deutscher Nation, inklusive Reichsitalien.

Zwischen den Mönchen und den benachbarten Chorherren gab es gelegentlich Streit eher auf der Ebene der landwirtschaftlichen Außendienste unter den Konversen, d.h. den Laienbrüdern – Reibereien, die durch landwirtschaftliche Probleme und Erfordernisse bedingt waren. Diese konnten meist durch einen Briefwechsel beigelegt werden. Die Konflikte waren in der Regel aber nicht grundsätzlicher Art.[21] Es sei denn, dass es ausnahms-

20 Kaspar Elm (Berlin), Art. »Norbert von Xanten«, in: LexMA 6 (1993), 1233–1235, 1234. Gerhard B. Winkler, Zwölftes Kapitel »Norbert und Bernhard«, in: Monastikon. Beiträge zum kulturgeschichtlichen Umfeld des Zisterzienserordens zu seiner Theologie und Spiritualität, Aachen 2012, 173–185.

21 Laienbrüder (Konversen), Streitigkeiten wirtschaftlicher Art. Heikle Klosterübertritte wurden als Abwerbung aufgefasst: Ep 253, 1–10: Hugo de Fossis O. Praem., der Nachfolger des hl. Norbert, beklagt sich in aller Form beim Generalkapitel in Cîteaux. Bernhard verteidigt sich, Ep. 253, 1–10, in: Werke

weise auch um einen hoffnungsvollen Novizen, wie z. B. den Kanoniker Robert (1147) ging, für dessen Verbleib in Clairvaux sich neben Bernhard aus religiöser Überzeugung auch Papst Eugen III. (†1153) eingesetzt hatte.[22] Keine der beiden Parteien meinte nachzugeben zu können. Die hohe päpstliche Protektion Bernhards hatte wahrscheinlich den Argwohn der »Norbertiner« geschürt und die Verhärtung der Fronten noch verstärkt. Nach heutigen Begriffen hätte man den jungen Kanoniker in Freiheit nach seiner Wahl fragen müssen, die er vor seinem Gott verantworten konnte. Der Streit dieser Art scheint die Gemüter derart erregt zu haben, dass er seltsamerweise[23] erst nach Bernhards Tod im Jahre 1153 beigelegt werden konnte.[24] Papst Eugen III. (†1153) hatte sich wirklich auch im Sinne Bernhards für den Verbleib Roberts bei den Zisterziensern ausgesprochen. Das war offensichtlich für die Schüler des hl. Norbert bis zum Tod Bernhards (1153) schwer zu ertragen, muss-

---

3 (1992), 338–351. Dazu: Ferruccio Gastaldelli, Historischer Kommentar, ebd. 1125–1127

22 Ep. 253, 1–10, in: Werke 3 (1992), 338–351. Es ging um den Ordenswechsel des Novizen Hugo de Fossis aus dem Prämonstratenserorden. Sein *transitus* (der Übertritt nach Clairvaux) machte den Prämonstratensern Schwierigkeiten.

23 Eugen III. an Bernhard: über den Kanoniker Robert. Der sel. Hugo von Fosses, Nachfolger des hl. Norbert: Ep. 251, 1–10, in: Werke 3 (1992), 338–351; 1125.

24 Streit um »abgeworbenen« Novizen Robert: Der Sel. Hughes de Fosse (s) bei Namur (†1164), Nachfolger des hl. Norbert als »Generalabt« der Prämonstratenser (1128/1137), wandte sich 1150 an das Generalkapitel der Zisterzienser hauptsächlich wegen des transitus des Kanonikers Robert (1147), der von Papst Eugen III. gebilligt worden war, und einer Reihe sonstiger Konflikte. Die Prämonstratenser drohten mit der Kündigung des »brüderlichen Paktes« von 1142: Ferruccio Gastaldelli, Historischer Kommentar zu Ep. 253, 1–10, 338–351, in: Werke 3 (1992), 1125–1127.

te doch die Intervention des Papstes für die Zisterzienser keineswegs die Prämonstratenser beeindruckt haben, vielmehr den Anschein der allgemein verpönten kirchlichen Vetternwirtschaft (»Nepotismus«) erweckt haben.

Ein verhältnismäßig umfangreiches Brief-Dossier[25] dokumentiert diesen Streitfall unter Brüdern. »Auf einen ziemlich heftigen Brief der Prämonstratenser antwortete Bernhard selbst ruhig und zählte auch seine Verdienste gegenüber den ›regulierten‹ Kanonikern auf. Er wies auch die einzelnen Anschuldigungen zurück und versicherte ihnen trotzdem, auch in Zukunft ein Freund bleiben zu wollen.«[26]

(9) Bernhard fürchtete keine Konkurrenz durch den hl. Norbert von Xanten (†1134). Vielmehr atmete er auf, als sein um zehn Jahre älterer Freund einsehen musste, dass die apostolische Wanderpredigt auch Gefahren für die Prediger, den Gehalt der Predigt und den katholischen Glauben ihrer Zuhörer überhaupt mit sich brachte. Der Streitfall des Kanonikers Robert, der nach Clairvaux übergetreten war, dürfte für Bernhard (†1153) und für Papst Eugen III. (†1153) in erster Linie eher doch

25 Bernhard von Clairvaux, Ep. 38, 2, in: Werke 2 (1992), 432–435: Erbschaftsstreit.
Ep. 79, 2, in: Werke 2 (1992), 661–665: Laienbrüder als Müllner.
Ep. 8, 1–4, in: Werke 2 (1992), 334–339: Bischofsernennung in Köln; Ep. 253, 2, in: Werke 3 (1992), 338–351: An die Prämonstratenser.
Vgl. Gerhard B. Winkler, »Bernhard und Norbert. Wie ›gregorianisch‹ waren die beiden Reformer?« in: Schlägler Notizen, Schlägl 2004, 179–188: Über das Verhältnis der Prämonstratenser zu Bernhard: 800 Jahre seit der Gründung Schlägls durch die Zisterzienser.

26 Zu Bernhard Ep. 253: »An den Generalabt Hugo de Fosses O. Praem.« (1150), in: Werke 3 (1992), 338 ff. Vgl. Kap. »Norbert und Bernhard«, in: Monastikon, aaO, 173–185.

eine rechtliche Frage gewesen sein. Es galt bei feierlichen Ordensgelübden analog das Prinzip der Unauflöslichkeit wie im Eherecht: Die künftigen Ordensleute gelobten wie »Nupturienten« zusammen zu bleiben »bis dass der Tod sie scheidet«!

Im Übrigen zeigt der Konflikt um einen Novizen im Rat der Weisen, dass auch Freunde und Gesinnungsgenossen verschiedener Meinung sein können, ohne sich deshalb als Feinde behandeln zu müssen. Heute würde man empfehlen: Man frage den »Kandidaten« Robert, ob er lieber in Clairvaux verbliebe oder eher wieder Prämonstratenser werden wolle. Im gegebenen Fall müsste der Leser dieser Dispute m. E. einen etwas geänderten Freiheitsbegriff in neueren Zeiten bedenken.[27] Außerdem wusste der Abt von Clairvaux ganz genau, dass die Chorherren des hl. Norbert für das Heil der Kirche unersetzbar und dass die »regulierten« Kleriker für das Wohl der Kirche zumindest ebenso wichtig und notwendig waren wie die Mönche.

(10) Bernhard war von der Notwendigkeit eines reformierten Priesterstandes und Kanonikertums zutiefst überzeugt. Wohl auch aus dieser Einsicht hatte er sich zur großen »Allerheiligenpredigt« (1140) vor Studenten entschlossen, die mehrheitlich »Priesteramtskandidaten« waren.[28] Von »Seminaristen« zu sprechen wäre

27 Gerhard B. Winkler, Bernhard und Norbert. Wie »gregorianisch« waren die beiden Reformer? In: Schlägler Notizen 2003/4, 179–188. Vgl. Bernhardinische Texte: Ep. 253, 1–10 (Hugo de Fossis), in: Werke 2 (1992), 338–351. Ep. 355, in: Werke 3 (1992), 642 f.: Jerusalem. Ep. 407, in: Werke 3 (1992), 802 f.: Beaulieu, Can. Aug.: Intervention für einen Armen.

28 Bernhard von Clairvaux, Ad clericos de conversione: »An die Kleriker über die Bekehrung«, in: Werke 4 (1993), 148–243.

anachronistisch gewesen, weil es das Priesterseminar[29] im formellen Sinn damals noch nicht gab, sondern erst nach den Reformbeschlüssen des Trienter Konzils[30] (1545–1563).

Dabei ging es dem Festprediger durchaus um die einzelnen Ärgernisse und Sünden, die es auszumerzen galt, aber hauptsächlich um den zentralen Bekehrungsbegriff der Heiligen Schrift, wie er auch in der Benediktsregel verwendet wird: »*Processu uero conuersationis et fidei dilato corde inenarrabili dilectionis dulcedine curritur via mandatorum Dei, …*«[31] Dieser wäre im gesamten NT vom Anfang bis zum Ende belegbar. Bernhard begeht dabei keine mönchische Vereinnahmung, wenn er dasselbe Vokabular in seinen Bischofstraktaten, ja sogar seiner großen Papstschrift verwendet. Der hochpolitische Reformbischof Henri Sanglier *de Boisrogues*, genannt der »Eber«, Erzbischof von Sens[32] und *Primas Galliae* (†1142) müsse sich «bekehren«; ebenfalls Bernhards ehemaliger Novize Papst Eugen III. (in: *De consideratione*[33]), dazu sein irischer Freund, der hl. Bischof

29 Trienter Priesterseminare: Hubert Jedin, »Katholische Reform und Gegenrefomation«, in: Handbuch der Kirchengeschichte, Bd. 4, Freiburg/Br. etc. 1985, 516, 524.

30 Trienter Priesterseminare: Hubert Jedin, aaO., »Lateranense V«: 461. Kapitel 18 des Reformdekrets : Verpflichtung der Bischöfe: 516, auch in Missionsländern wie Mexiko, Goa und Kongo die Beschlüsse auszuführen: 524.

31 Rudolphus Hanslik, Ed., Benedicti Regula, Prolog 49, CSEL 75 (1960), 9.

32 Bernhard von Clairvaux Traktatbrief an Heinrich von Boisrogues, genannt »Eber«, Erzbischof von Sens, Primas Galliae: Ep. 42, 1–37, in: Werke 4 (1993) 440–503. Gerhard B. Winkler, Bernhard von Clairvaux. Die eine und umfassende Kirche. Einheit in der Vielheit, Innsbruck 2001, Kapitel 11: Der »apostolische« Bischof«, 186–207.

33 Ders., De consideratione ad Eugenium papam, in: Werke 1 (1990), 626–827.

Malachias (†1148)[34]. Bernhards Grabesansprachen und sonstige Äußerungen über die heiligmäßig Verschiedenen, wurden in Rom als Unterlage für die Kanonisierung verwendet.

Die als »Konversen« bezeichneten Laienbrüder hatten unterschiedliche Aufgaben als die eben angeführten »Bekehrten«. Allerdings waren sie auch wie alle Christen zur »Heiligkeit« berufen und sollten sich »bekehren«. Aber im Kloster waren die »Laienbrüder« strenggenommen keine »Mönche«. Ihre »Bekehrung« bestand in einer neuen klösterlichen Lebensweise, natürlich auch mit den drei evangelischen »Räten«: der Ehelosigkeit, der Armut (Verzicht auf Privatbesitz) und des Gehorsams. Aber als frühere Landwirte und Bauernknechte hatten sie wohl auch ein karges, ungesichertes und ärmliches Leben zu führen gehabt, nicht ganz anders wie als »Klosterkonversen«. Deshalb sollte die religiöse und soziale Motivation dieser kleinen Leute auch nicht unterschätzt werden. Es ist daher nicht verwunderlich, dass sie über ganz Europa, von North Humbria bis nach Sizilien, von der Champagne bis in den Wiener Wald, auch in Scharen in die großen Klöster drängten. Sie waren sicherlich auch sehr motiviert durch den unleugbaren Zauber der liturgischen Gesänge und Riten, die religiöse Umwelt, das gute Beispiel der Religiosen und nicht zuletzt durch die »vorbildlichen« Wirtschaftsbetriebe.

Beim Erzbischof von Sens ging es im Sinn des Gregorianismus um die relative »Entflechtung« des hohen Hof- und Staatsklerus von den herrschaftlichen Verpflichtungen, wie wir es schon oben angedeutet haben. Denn als »*Primas Galliae*« bekleidete er nicht nur das oberste kirchliche Amt im heutigen Frankreich mit qua-

---

34 Ders., Vita Sancti Malachiae episcopi, in: Werke 1 (1990), 454–597.

si-»patriarchaler« Vollmacht. Außerdem diente er vielmehr auch als einer der »Großen des Reiches« dem König als eine indispensable und unverzichtbare Stütze. Darin sollte nach Auffassung der strengen kirchlichen »Gregorianer« die »Bekehrung« der Kirchenfürsten bestehen, nämlich in einer gänzlich neuen Konzeption ihres Amtes: Das würde wenigstens bedeuten, primär als geistliche Hirten ihrer Diözesen zu wirken, weniger als Ständevertreter und Abgeordnete in Reichstagen, als höfische Minister oder gar Statthalter des Königs. Das war erstens Bernhards »dienstlicher« Konversionsbegriff, wie er auch für die Ohren der Pariser Theologiestudenten mit Nachdruck gebraucht werden musste. Nebenbei bemerkt zeigte Bernhard während des Zweiten Kreuzzuges (1147–1149) keinerlei Schwierigkeiten, seinen Gesinnungsgenossen und Freund, den Abt Suger (†1151) von Saint Denis (mit den berühmten späteren Königsgräbern) als Reichsverweser vorbildlich amtieren zu sehen, während sich sein Schulfreund, König Ludwig VII. (†1180), samt Gattin bzw. Königin auf dem großen *passagio* nach Jerusalem befand.

## V.

(11) Aber der Prediger behandelte vor allem im *Exordium* seines Sermons zu »Allerheiligen« die schmutzigen Sünden der kleinen Leute, die wie »ein Hautausschlag juckten, zum Kratzen reizten, dabei zu bluten anfingen und damit das Übel noch verschlechterten«[35]. Der Verfasser empfiehlt daher dem Auditorium gleich eingangs dringend, sich mit Reue und Buße, d.h. freiwilligen Werken des Bedauerns, kund zu tun und Sühne und »Werke der Satisfaktion«, d.h. der »Wiedergutmachung«, zu leisten. Diese sollte nicht erst bis auf die Todesstunde und das Jenseits aufgeschoben werden. Vielmehr sei es schon in der Jugend angebracht, Buße zu tun und nach Möglichkeit »Sühne« für alle Verfehlungen zu leisten.[36] Bernhard konnte hier auffälligerweise nicht die sakramentale Osterbeichte anführen und die jährlich gebotene Osterkommunion, weil diese erst durch Innozenz III. (†1216) auf dem Vierten Laterankonzil (1215) als gültige Kirchengebote vorgeschrieben wurden.[37] Die Empfehlung von Werken der »Sühne (satisfactio)« nach der Gewissenserforschung, dem sakramentalen Bekenntnis, dazu dem Besserungswillen, Vorsatz und »Umkehr«

35 Bernhard von Clairvaux, *Ad clericos de conversione*, in: Werke 4 (1993), aaO, 1–7, Par. 5: 162 f.

36 Bernhard von Clairvaux, Ad clericos de conversione, in: Werke 4, aaO, 1–7, 7: Par. 7, 167 f. »In der Gegenwart müsse man den Wurm des Gewissens fühlen und ersticken, nicht bis zur Unsterblichkeit hegen und pflegen.«

37 »Beichtgebot: Österbeichte«: Hubert Jedin, Kleine Konziliengeschichte, Freiburg Br. 1960, 47–50, 48.

liegt auf der Ebene der künftigen Ablass-Frömmigkeit, wie sie beliebte Wallfahrten und fromme Pilgerschaften, einschließlich der *peregrinatio* ins Heilige Land, darboten. Die »Sühne« braucht Leib und Leiblichkeit als Organ. Sie ist die Konsequenz, die »Inkarnation« von Gewissenserforschung, Umkehr, Vorsatz, Besserungswillen, Beichte und Buße. Das Heiligtum von *Portiuncula* in Assisi (1216) konnte dieses Anliegen des Abtes von Clairvaux durch Frömmigkeit und Wirksamkeit des Poverello († 1226) und der hl. Clara von Assisi († 1253) weltweit bekannt machen.

Bernhard hatte sich schon über zwei Generationen vor dem Vierten Laterankonzil auch um einen ständigen Klosterbeichtvater bemüht. Es war dies überraschenderweise der begnadete »*Dominus*« Humbert, ehemaliger Abt von Igny († 1148), von dem Bernhard in seiner Leichenrede als Segen und priesterliche Notwendigkeit für die Mönche und für das gesamte Klosterleben spricht.[38]

Humbert hatte eine bewegte Vergangenheit. Er war 20 Jahre im Benediktinerkloster »*Chaise-Dieu*« (1097). Dann ging er 1117/18 nach Clairvaux. 1125 machte ihn Abt Bernhard zum Prior. Dieses Amt hatte er drei Jahre inne. Dann beauftragte ihn Bernhard mit der Leitung der alten Zisterziensergründung Igny bei Reims (1128). Dort wirkte er vorzüglich 10 Jahre lang (bis 1138). Darauf verzichtete der »*Dominus*« auf seine Abtswürde und zog sich wieder nach Clairvaux zurück, ohne Bernhard zu fragen, der noch in Italien zur Überwindung des Papstschismas gebraucht wurde. Weil Humbert »emeritierter« Abt war, titulierte ihn Bernhard nach dem Brauch der Zeit oder wohl auch aus persön-

38 Humbert: »Klosterbeichtvater«: »*In obitu Domini Humberti*«, in: Bernhard, Werke 8 (1997), 950–965.

licher Hochachtung mit »*Dominus*« oder »*Domnus*«. Der Abt von Clairvaux war wegen des Papstschismas in Italien gerade mit einem gerüttelten Maß von Geschäften und Sorgen beladen. Dazu kam immer wieder unberechenbar der Schlachtenlärm des Papstschismas, je nachdem, wie die verschiedenen Kombattanten aufeinanderstießen. Bernhards älterer Bruder Gerhard war ihm da eine notwendige Hilfe. Sich an dieses kriegerische Getümmel zu gewöhnen war auch nicht jedermanns Sache. Bernhard äußerte sich ungehalten über Humberts augenscheinliche Eigenmächtigkeit. Bernhards geharnischter Brief (Ep. 141, 1–2[39]) lässt nichts zu wünschen übrig: Bernhard drohte seinem unbotmäßigen Freund, Mitbruder und Amtsgenossen sogar mit päpstlicher Exkommunikation. Er warf ihm vor, keinerlei Gründe für die Resignation angeben zu können. Er hätte nicht einmal Ärger mit »Konversen« (*sic!*) gehabt, d.h. mit den Laienbrüdern. Es habe ihm auch an Ausstattung des Klosters nichts gefehlt. Er, Bernhard, sei wegen des bösen Papstschismas in Italien gefesselt gewesen und hätte solch einen Schlag weder erwartet noch auch verdient. So konne er deshalb für Humberts eventuelle Gründe des Klosterwechsels keinerlei Verständnis aufbringen.[40] Bernhard wusste noch nicht, dass Humbert erstens der rechte Mann war, den Verlust von Bernhards älterem Bruder Gerhard († 1138), dem Cellerar und Prior, wettzumachen. Zweitens vermochte er offensichtlich noch nicht die Tragweite eines beständigen und beharrlichen priesterlichen Beichtapostolats abzuschätzen, mit dem der gewesene Abt Hum-

39 An den Abt Humbert von Igny, der seine Abtei verlassen hatte: Ep. 141, 1–2, in: Werke 2 (1992), 917–919.

40 »Exkommunikationsbrief«: Ep. 141, 1–2, in: Bernhard, Werke 2 (1992), 917–919.

bert eine ungewöhnlich intensive Erfahrung gemacht hatte. Ein Schutzengel musste da auch Humbert nach Clairvaux geführt haben, ohne dass er wahrscheinlich vorher sein eigenes Charisma zu beurteilen vermochte und es kaum besonders reflektiert hatte.

Wer konnte damals schon eine Persönlichkeit wie die Innozenz III. (†1216) als Nachfolger Petri erträumen oder gar den Bußkanon des Vierten Laterankonzils (1215) voraussehen: Nach dessen berühmtem »Kapitel 21« sollte jeder Getaufte, der zum Gebrauch der Vernunft gelangt war, zur jährlichen Beichte und zur Osterkommunion verpflichtet sein.[41] Allerdings war das nur eine Minimalforderung, wie jeder wusste. Dies entsprach, wie es scheint, ganz dem Naturell dieses Papstes, der nichts dekretieren ließ, was gänzlich undurchführbar gewesen wäre und infolgedessen toter Buchstabe bleiben musste.[42]

Zehn Jahre nach Humberts, des Beichtapostels, letztem Verweilen in Clairvaux starb er am 7. Dezember 1148 in »den Armen Bernhards«[43]. Der berühmte Abt von Clairvaux pflegte, wie gesagt, seinen Klosterbeichtvater als »*Dominus*« anzusprechen, um seinem treuen Mitarbeiter ja ins Gedächtnis zu rufen, dass er in Wirklichkeit ein »Abt« gewesen war und sei, dass auch hohe Kirchenämter keine bloßen »Funktionäre« sind: Er achte und ehre ihn. Das war eine noble Revanche:

Ein Amtsbruder in der Würde eines Abtes und auch »untergebener« Mönch hatte den weltberühmten Bern-

41 »Das Gebot der jährlichen Beichte und der Osterkommunion«: Viertes Konzil im Lateran, 812–814 (Kap. 21), in: Heinrich Denzinger/ Peter Hünermann (DH), hrgb. Freiburg Breisgau 1991), 1215 (Nr. 812 f. ).

42 Hubert Jedin, Kleine Konziliengeschichte, aaO, 48.

43 Ferruccio Gastaldelli, Historischer Kommentar zu Ep. 141, 1–2, in: Bernhard, Werke 2 (1992), 1131.

hard gezwungen, klein beizugeben. Dieser hatte eben seinen Bruder Gerhard († 1138) verloren, aber einen kongenialen Prior und eine entsprechende Stütze gewonnen. Der Abt von Clairvaux hatte nicht voraussehen können, dass das jährliche Sakramentengebot – »Du sollst jährlich wenigstens einmal beichten und die hl. Kommunion empfangen!« – in den kommenden Jahren, nämlich auf dem IV. Laterankonzil (1215) unter Innozenz III. († 1216), in das allgemein verbindliche Kirchenrecht und in das Bewusstsein der Christen eingehen würde. Die Tannhäuser aller Zeiten mussten jetzt nicht mehr nach Rom pilgern, um von ihrer schweren Sündenschuld losgesprochen zu werden und durch die Härten der Pilgerschaft zu sühnen. Die Jerusalem-»Fahrt«, ja auch sogar die Kreuzzüge verloren die Singularität ihres Buß- und Sühnecharakters, umso mehr, als der hl. Franziskus 1216 für Portiuncula von Honorius III. († 1227) sogar, statt des aufwendigen *passagio,* einen beständigen vollkommenen Ablass erbitten konnte.

## VI.

(12) Eine der nachhaltigsten Passagen von Bernhards Templerschrift, *Ad milites templi: De laude novae militiae* (Tpl), 1–31,[44] sind die Allegoresen V. bis XIII., welche als wichtigste Sehenswürdigkeiten des Heiligen Landes nach ihrem theologischen Sinn dem Wallfahrer zur frommen Meditation angeboten werden. Es sind dies V. die Betrachtung *De Templo* (Par. 9–11); VI. *De Bethleem* (sic! Par. 12); VII. *De Nazareth* (Par. 13); VIII. *De Monte Oliveti et Valle Josaphat* (Par. 14–15); IX. *De Iordane* (Par. 16); X. *De Loco Calvariae* (Par. 17); XI. *De Sepulcro* (Par. 18–29); XII. *Bethphage* (»Haus der unreifen Feigen«: Par. 30); XIII. *Bethania* (Par. 31). Höchstwahrscheinlich dachte sich der Verfasser dieser lateinischen Texte zur Heilsgeschichte der Stätten in Jerusalem, dass ein des Lateins Mächtiger diese Texte den Wallfahrern, vor allem den Rittern, übersetzen würde. Dabei darf ich auf eine Mitteilung von Prof. Köpf in unseren Bernhard-Kommentaren verweisen, der von altfranzösischen Untersuchungen (aus dem burgundischen Sprachbereich des 12. Jh.) berichtet, dass ein mundartlich geübter Burgunder durchaus in der Lage war, Bernhards Latein zu verstehen.[45]

44 Bernhard von Clairvaux, Ad milites Templi. De laude novae militiae, 1–31, in: Bernhard, Werke 1 (1990), aaO, 268–321.

45 Altburgundische Sprache und Latein: Kurt Ruh, mit den Schriften der Marguerite d'Oingt aus der Kartause Sainte-Marie de Poletins nördlich von Lyon könne man eine Sprache fassen, die Bernhard und seine Familie gesprochen haben dürften

Für unser Thema musste XII. *Bethphage*[46] über die Priester und das Beichtsakrament herangezogen werden: Es war aller Wahrscheinlichkeit nach ursprünglich für die lateinkundigen Ritter-Kapläne der Templerburgen als Unterlage gedacht. Diese lateinisch gebildeten Priester dienten nach der Regel des hl. Augustinus als Seelsorger für die »Augustiner« Ordensritter, die nicht immer des Lesens und Schreibens mächtig sein mussten.[47] Für Bernhard waren die hohen verwandtschaftlichen Beziehungen zu führenden Tempelrittern sicherlich auch ausschlaggebend für den umfangreichen und gehaltlich bemerkenswerten Traktat, sozusagen auch ein Zeichen der Verbundenheit mit den hocharistokratischen Verwandten, vor allem denen seiner Mutter.

Obendrein lag Bernhards Ausführungen eine glaubhaft »brennende Sorge« um das Seelenheil der »professionellen« Krieger zugrunde: Die Frage war: Wann ist der Gebrauch des Schwertes zu vertreten und wann nicht? Der Autor überlegte: »Was muss der christliche Ritter tun und lassen, dass er nicht als Mörder dem ewigen Gericht verfällt?« So ist z. B. die leidenschaftliche Kasuistik des Fünften Gebotes für Berufssoldaten, wie sie der Verfasser konzipierte, zu verstehen.[48] Er hielt sie zur Gewissensbildung der Ritter für unbedingt erforderlich.

---

(»frankoprovencalische Schriften«): Vgl. in: Werke 5 (1994), 45, Anm. 19.

46 Ebd., 1–31, 30, aaO, 316–319.

47 Bernhard von Clairvaux, Tpl 12, »Bethphage«, in: Werke 1 (1990), 316–319: *Contritio, confessio. bonus pudor, poenitendo, confitendo, necessaria confessio, compunctio*, Mit dem Herzen glaubt man, um gerecht zu sein, mit dem Mund bekennt man, um Rettung zu erlangen (Röm 10,10): d.h. Reue, notwendiges Bekenntnis, rechte Scham, Zerknirschung und Gewissensbisse: d. i. Sühne (*satisfactio*).

48 Bernhard von Clairvaux, *De laude novae militiae* (Tpl), in: Werke 1 (1990), 258–321, 273–277 (Par. 3 und 4).

Dazu kam aber für ihn sicherlich noch die grundsätzliche Überzeugung, dass das Kanonikerideal bei jeder sich bietenden Gelegenheit gefördert werden sollte. In den Texten der Templerschrift rief er wiederholt zum Frieden auf. Er vermied offensichtlich jede Art von Militärmythos, auch wenn er die künftigen »Klosterritter« ungewöhnlich schätzte. Er hatte ja schon 1128 auf der Synode von Troyes seine Templer-Regel zur Bestätigung durch das Konzil unterbreitet, nachdem er beim Zustandekommen dieses Regelwerkes maßgeblichen Anteil gehabt hatte.[49] Allerdings ging es ihm, wie gesagt, vor allem um das Seelenheil seiner Verwandten und Grabesritter. Bernhard vergaß auch nicht zu sagen, dass sich die Ritter nach »getaner Arbeit« in ihre Burgen wie in ein Kloster zurückziehen sollten, um wie betende Mönche zu leben (und zu sterben).[50]

(13) Auch ist eine hohe Zahl an Kurzpredigten (*De diversis*), nämlich rund zehn zu dieser Frage der Beichtpastoral, erhalten. Dazu kommt die erwähnte Wallfahrer Allegorese XII aus der Templerschrift[51]: »Bethphage«, das »Dorf der Priester«, habe alle wichtigen Elemente des Bußsakraments (»*confessionis sacramentum*«)[52] bereit zu halten. Die »Zerknirschung« (*contritio*) allein

49 Templerregel: Konrad Hofmann (Freiburg/Br.), Art. »Templer«, in: LThK 9 (1964), 1361.

50 Ebd., Par. 8, 282–285, 285: »...sanfter als die Lämmer und wilder als die Löwen, ...was ich sie nenne sollte, nämlich Mönche oder Ritter,...«.

51 Bernhard von Clairvaux, Ad milites Templi. De laude novae militiae, in: Werke 1 (1990), 268–321, 316–319 (XII. *De Bethphage*).

52 De diversis über die Beichte, in: Werke 9 (1998). Index 10 (1999), 207 f. Wichtig ist auch die bekannte Allegorese aus der Templerschrift«, 1–31, 30: XII. Bethphage, »Dorf der Priester«, in: Bernhard, Werke 1 (1990), 316 ff.

helfe noch nicht den Sündern. Bethphage bedeute auch »Haus des Mundes«, d.h. die Sünden müßten dort vernehmbar, offen und deutlich (*confessione*«) ausgesprochen werden. Nach Röm 10,8 sei das Bekenntnis »dem Mund und dem Herzen nahe«. Das bedeute Heilung der Seele. Nach Jesus Sirach (Sir 4,25) gäbe es eine »Scham«, die auch sündhaft sein könnte: Das sei z. B. dann der Fall, wenn sich jemand nicht die Wahrheit zu sagen getraue, vor allem wenn der Tatbestand ohnedies zur höheren Ehre (*gloria*) Gottes und der Menschen gereiche.

Die reichlich belegbaren und frühen Äußerungen Bernhards über die Beichte zur Vergebung der Sünden verdienen festgehalten zu werden. Wenn die sakramentale Sündenvergebung eine priesterliche Aufgabe war, dann war der Abt von Clairvaux nicht ein der gewöhnlichen Seelsorge entfremdeter Heiliger gewesen, der in seiner strengen Klosterfrömmigkeit verlernt hatte, auf die Nöte der Christen innerhalb und außerhalb der Klostermauern zu achten. Wenn man die Quelltexte, in denen Bernhard über die Beichte spricht, miteinander vergleicht, wird man vielmehr sagen können, dass beide, Hughes de Saint-Victor (†1141), der führende Sakramententheologe seiner Zeit, und Bernhard von Clairvaux, der Sakramentenprediger, dem Vierten Laterankonzil (vom 11. bis 30. November 1215) unter der Ägide des Papstes Innozenz III. (†1216) Vorbereitung und Schützenhilfe geleistet haben. Es brauchte einen formellen Konzilsbeschluß, um die kirchenrechtlich allgemeine Verpflichtung zu erfüllen, wenigstens einmal im Jahr nach regelmäßiger Beichte die Osterkommunion zu empfangen. Die Gläubigen durften ausdrücklich nicht ohne Bußsakrament zur Osterkommunion gehen. Unter diesen Umständen wird es schwerfallen, Bernhards »priesterliche« Tätigkeit, ihre Gesinnung und Ausübung eher zweitrangig zu sehen. Das Nämliche gilt für unsere gelehrten Pariser Kanoniker von Saint-Victor unweit von Notre-Dame.[53] Bernhard hatte eine Reihe von »Kleinschriften« (Div = *De diversis*), das was er sonst »Sentenzen« nennt, hinterlassen, welche die Themen Gewissen, Beichte und Buße behandeln. Ich greife hier einige heraus:

Div 30, 1–2 *»Statt mit Gold und Silber zu bauen … De lignis, feno et stipula … Holz, Heu und Stroh«*. Gott offenbare sich im Feuer (*1 Kor 3,12 f.*), in: Werke 9, 448–451: *Compunctos corde, ore confessos, corpore fatigatos:* Nötig sei es auch, dass der Sünder die Hitze an seinem Leib fühlt, nämlich die Schmerzen der Buße, zwar nicht in exzessiver Weise (*multimodam*), aber doch ein wenig: Glaubst du, dass Gott Menschen mit einem reuigen Herzen, einem bekennenden Mund und einem gezüchtigten Leib verwerfen wird?[54]

Das Bußwerk (*satisfactio*), das der Pönitent seinem Leib nach Reue, Zerknirschung (*contritio*), Vorsatz und möglichst getreuer Beichte (*confessio*) zumuten muss, soll die Bekehrung (*conversio*) festigen und den Rückfall nach Möglichkeit verhindern. Das war noch einmal das »Bußwerk«, die Genugtuung (»Satisfaktion«), ein Begriff, der schon die leibliche Seite der »Buße« betrifft (wie Gebet, Fasten, Abstinenz, Wallfahrten u.a.) und in den Bereich der Ablassfrömmigkeit gehört, ohne dass damit die »Werkgerechtigkeit« der reformatorischen Kontroverse gemeint ist.[55]

---

53 Ulrich Köpf, Bildung im Leben und Wirken der Regularkanoniker. aaO, 65: Das Priestertum spiele bei Bernhard »keine wichtige Rolle«. – Diese Schärfe des Urteils scheint mir auf Grund der vorliegenden Schriften ein wenig überzogen zu sein.

54 Bernhard, Sermo: Div. 30, 1–2, in: Werke 9 (1998), »Über Holz, Heu und Stroh«, 449–451, 451.

55 Joseph Ratzinger, Benedikt XVI., Credo für heute. Was Chris-

(14) Div 31, 1–3, in: Werke 9 (1998), 452–457: *Cogitationes*: von den leichten Oberflächlichkeiten zur Gewalt der Triebhaftigkeit und der Sünde Rubens, des Sohnes des Patriarchen Jakobs und der Lea. Er hatte das Ehebett seines Vaters »geschändet«. (Gen 29,32; 35,22). Nach der Benedikt-Regel[56] (RB 7,18) ist die Beherrschung der Phantasie und der Gedanken die einzige Möglichkeit, dem schweren Fall zu entgehen, die dem Jakobssohn Ruben das Erstgeburtsrecht gekostet habe.[57]

Div 32, 1–4, in: Werke 9 (1998), 456–463[58]: Letztlich muss nur Gott es sein, der deine Taten und dein Verhalten (in *memoria, voluntas* und *intellectus*) richtet.[59] Wenn der Ansturm sündhafter Gedanken über dich zu kommen droht, gibt es nur eines: Erinnere dich deiner Berufung: Darfst du so oder so denken, der du ein »Priester, ein Kleriker oder ein Mönch bist?« (Par. 4)[60]

Div 33, 1–9, in: Werke 9, 465–477. Wir haben ein Recht. Es ist der Berg der Freude, der uns nach Jes 2,2 zum Berg des Herren ziehen lässt…« (Ps 23,3) Es ist der Berg des Friedens, der Freude, des Lebens und der Herr-

ten glauben, hrgb. Holger Zaborowski und Alwin Letzkus, Freiburg/Br., Basel, Wien 2006, Kap. »Vergebung der Sünden«, 149–167, 164: »Konkretheit«: Darin gründet das Bußsakrament als kirchenöffentliche Form von erneuerter Umkehr mit den Brennpunkten realer Buße (Fasten-Gebet-Almosen) und des Bekenntnisses. »Diese urchristliche Trias sollte als konkreter Erweis von Buße wieder stärker in der Kirche zur Geltung gebracht werden.«

56 RB 7,18.

57 Beherrschung der cogitationes: Div. 31, 1–3, in: Werke 9 (1998), 452–457.

58 Gott richtet den Menschen: Div. 32, 1–3 in: Werke 9 (1998), 456–463.

59 Kommentar zu Div. 32, 1, in: Werke 9, 854: Par. 3: *memoria, voluntas, ratio/intellectus.*

60 »Das menschliche Urteil«: Div. 32, 1–4, 4, in: Werke 9 (1998), 457–463.

lichkeit. Ein »lauteres Herz« (Ps 23,3 f.) gelangt zur Seligkeit. Das ist der »Frieden von Allerheiligen«.

Div 66, 1–3[61]: Zum Fest Allerheiligen, in: Werke 9 (1998), 618–623: Der Hochmut der anmaßenden Engel wollte die Himmel erstürmen. »Selig die Armen im Geiste…« (Mt 5,3). Dann kommt der Ungehorsam der Frau im Paradies: »Selig die Sanftmütigen…« (Mt 5,4), sollte es heißen. Aber sie machte ihren Gatten zum Mitschuldigen, statt ihre Sünde zu beweinen: »Selig die Trauernden…« (Mt 5,5) Die vierte Sünde beging Adam durch seine Einwilligung. So trafen sich Unwissenheit und Schwäche. »Selig die hungern…« Adam hätte Eva nicht beschuldigen sollen: »Selig die Barmherzigen…« (Mt 5,7) Auch Eva sündigte abermals, indem sie ihre Sünde auf die Schlange abwälzte. Die letzte Sünde war dann die Ermordung Abels. Seit dieser Zeit ist es üblich, dass sich die Bösen über die Guten erheben: Daher muss das ständige Gebet lauten: »Selig, die Frieden stiften; denn sie werden Söhne Gottes heißen.« (Mt 5,9)

Div 97,1 3[62], alles in: Werke 9 (1998), 742–747. »Milch und Honig«: Kommentar, ebd., 870: Die Schmeichelei sei nur eine falsche Form der Sanftmut. Christus mache seine Botschaft nicht billig, wie die Erzählung von den »Emmausjüngern« zeigt (Lk 24, 28). Der Auferstandene gibt sich erst beim »Brotbrechen« zu erkennen.

61 »Allerheiligen«: Div 66, 1–3, in: Werke 9 (1998). 618–623.

62 »Milch und Honig«: Div 97, 1–3, in: Bernhard, Werke 9 (1998), 742–747 : Hld 4, 11: Die Sanfmut soll nicht vorgetäuscht werden. Denn die »Bürde des Herren drückt nicht« (Mt 11, 29 f.). Ebd., 744 f.

# VII.

(15) Es mag Perioden und verschiedene Gegenden der Kirchengeschichte noch in der jüngeren Vergangenheit gegeben haben, in denen das stundenlange persönliche Beichthören neben der täglichen Messzelebration und dem Breviergebet auch in der Erwartung der Gläubigen zur charakteristischen priesterlichen Tätigkeit gehörte. Das war sogar noch bei Aushilfsseelsorge nach 1950 festzustellen, nicht nur auf dem flachen Land, sondern auch in Großstädten. In Wirklichkeit waren diese »Missionen« Beichtpastoral im wörtlichen Sinn, die auch die Wallfahrermentalität prägten. Im niederösterreichischen Mariazell z. B. wurden regelmäßig auswärtige Priester zum Beichthören angeheuert. Die Priester der Gesellschaft Jesu, die Karmeliten, Augustiner-Eremiten, die Serviten und andere Orden leisteten hier Erstaunliches.

Das war alles formell nichts ganz Neues. So wie sich der hl. Stephan Harding (†1134) nach Metz, diesem Mittelpunkt kirchlicher Kultur, begab, um den ursprünglichsten, genuinsten und vollkommensten Choral in Cîteaux einzuführen, so konnten und mussten die reformgesinnten »Kanoniker« auf das lothringische Metz des hl. Bischofs Chrodegang (742–766) mit seiner Augustinerregel zurückgreifen. Denn dieser »heilige« Kanoniker überzeugte in jeder Hinsicht und galt demnach als verlässliches Vorbild und nachahmenswerter Charakter.[63]

63 Floridus Röhrig, 900 Jahre Augustiner Chorherren, Fs., aaO, 15–22, 15.

Zu diesem geistlich-kulturellen Mittelpunkt dürfen wir damals *de facto* auch das spätere »Rheinland« mit seinen traditionellen geistlichen »Hofämtern« zählen. Denn seit 1198 ist bereits mit den drei einflussreichen und mächtigen geistlichen Kurfürsten, nämlich mit den Erzbischöfen von Köln, Mainz und Trier, reichspolitisch und gesamtkirchlich zu rechnen.[64] Wenn die Römer auf diese geistlichen und kulturellen Zentren zu sprechen kamen, nahmen sie stramme Haltung an, um ihres Imperiums nördliche »Provinzen«, nämlich die *Germania inferior* und *superior* am Goldenen Rhein hochleben zu lassen. Das war etwa die Zeit, als der hl. Rupert vom Rheinland über Bayern nach Salzburg kam († um 720) und daselbst zum bleibenden Karantanenapostel wurde, indem er eine ganze Reihe von Missionaren wie den hl. Modestus (†772) nach Kärnten entsandte.

(16) Bernhards Pariser Allerheiligenpredigt war ein größeres Ereignis, was die Zahl, Qualität und Aufnahmefähigkeit des Auditoriums betraf, wie wir sagen würden. Das erwähnte Fest Allerheiligen müsste der erste November 1140 gewesen sein, ein halbes Jahr nach der wichtigen Synode von Sens (Juni 1140), an dem der hohe Klerus, Abaelard und König Ludwig VII. teilnahmen.[65]

Die Initiative, den Abt von Clairvaux als Festprediger einzuladen, ist ziemlich sicher von den Augustiner Chorherren des Pariser »Kanonikerklosters« Saint-Victor ausgegangen. Der *Sermo* über die erforderliche Spiritualität der künftigen Priester richtete sich an die

64 Ernst Schubert (Göttingen), Art. »Kurfürsten«, in: LexMA 5 (1991), 1581–1583, 1581.

65 Raymonde Foreville, »Das Schicksal der Reform zwischen zwei Schismen (1139–1159)«, Lateran I–IV, Mainz 1977, in: Gervais Dumeige – Heinrich Bacht, hrgb., Bd. 6: 120–143, 123 ff.

studierende Elite der damaligen »*Magistra*«, d.h. der »lehrenden Kirche«, der Wiege künftiger Fürsten, von Bischöfen und Gelehrten. Es waren eigentlich die respektablen akademischen Repräsentanten der gesamten gebildeten Christenheit, nicht der geringsten an Bedeutung für die Zukunft des Christentums überhaupt.

Dieses Paris rangierte *primo loco* unter den drei führenden »Mächten« der Christenheit als »Magisterium« der beginnenden Scholastik, bewundert *secundo loco* (*und auf Hilfe angewiesen*) vom geheiligten »Sacerdotium«, dem päpstlichen Rom, und drittens (*tertio loco*) sehr wohl ästimiert vom »Heiligen Römischen Reich deutscher Nation«, dem »*Sacrum Imperium*«. Dieses Heilige Römische Reich tat gut daran, mit Krone und Reif in nächster Nähe der künftigen geistlichen Kurfürsten am Rhein zu verweilen, wenn seine Würdenträger oft natürlich auch mit »Ross und Reiter« ihre Aufwartung machen mussten.

Wie wir oben schon andeutet haben, glückte es auch Bernhard, als einen treuen Mitarbeiter, nämlich seinen Begleiter, einen ehemaligen Schüler Peter Abaelards als Sekretär und späteren Biographen zu gewinnen. Es war dies Gottfried von Auxerre oder besser von Clairvaux (+1188). Denn er sollte auch bald Nachfolger Bernhards als Abt von Clairvaux werden. Wir wissen nicht, wer den Abt von Clairvaux für dieses größere akademische, kirchliche und staatspolitische Ereignis angeheuert hatte. Es liegt aber nahe anzunehmen, dass die Initiative von derselben Stelle ausgegangen ist wie die Aufforderung des Traktatbriefes Ep 77, 1–14[66] »*versus*« Abaelard

66 Bernhard von Clairvaux, Ep. 77, 1–22, in: Werke 2 (1992), 608–641. Vgl. die jüngere Monographie: Gerhard B. Winkler, Bernhard von Clairvaux versus Petrus Abaelard, Aachen 2015, 11–19.

über die Kleinkindertaufe. Es wären namhafte Stiftsherren von Saint-Victor in Paris gewesen. Außerdem dürften die Studenten von Paris nicht das einzige Auditorium gewesen sein, denen der Abt von Clairvaux eine ausgefeilte Homilie über die sieben bzw. acht Seligpreisungen (Mt 5,3–10) gehalten hat[67].

(17) Wenn er schon die Mehrzahl der Zuhörer weder zum Mönchtum noch zum Stand eines Kanonikers führen konnte, so wollte er doch wenigsten die Mehrzahl der anwesenden Studenten von der Notwendigkeit einer geistlichen Lebensführung überzeugen. Dazu eigneten sich natürlich die sog. »Makarismen«, die Seligpreisungen der Bergpredigt (Mt 5,3–10), ausgezeichnet. Den Studenten der *sacra theologia* sollten die glänzendsten Anforderungen des Neuen Testaments vorgelegt werden. Sie sollten durch Reue und Buße veranlasst werden, nicht in einem permanenten Zustand der schweren Sünde zu verharren. Aber *ceterum censeo* war wiederum die »*conversio*« wie bei Bischof und Papst, d.h. die »Besinnung« auf die eigentlichen Verpflichtungen von Stellung, Amt und Beruf. Oder negativ ausgedrückt: Keine Flucht in die Illusion vor den Realitäten höherer und niedrigerer Aufgaben, die durch das ganz konkrete Leben gestellt würden.

Dabei fällt auf, dass der Verfasser keine Zeile zum Ketzerproblem verliert, wo doch Katharer, Albingenser, Toulousaner, Arrianer (sic!) und Waldenser das Pathos des »*dissents*« mit der Unmoral der zeitgenössischen Priester begründeten. Der vermutlich ehemalige

67 Aber die Experten der Textgeschichte entschlossen sich in der kritischen Ausgabe, eine Version als Fußnotentext parallel zum Haupttext anzubieten. Wir haben sie auch in: Werke 4 (1993),148–243: »*Ad clericos*«, 1–40, übernommen.

Clunyazenser Heinrich von Lausanne († 1145), Vorläufer der Waldenser, hielt mit Erlaubnis des Bischofs Hildebert Lavardin († 1134) die Fastenpredigten in Le Mans. Diese fielen wegen einer so maßlosen Klerusschelte auf, dass sich der Prediger nach dem Süden zurückziehen musste, nachdem ihn der Bischof in dem »feudalen Herzogtum«[68] der Normandie nicht mehr für tragbar hielt.[69]

Vielleicht wollte der Prediger Bernhard gerade deshalb in dieser Frage kein Öl ins Feuer gießen, um nicht kleinkariert zu moralisieren. Denn die »Allerheiligenpredigt« (1139/40) war ja offensichtlich nicht als Ketzerpredigt gedacht. Außerdem waren Bernhards Zuhörer in Paris vermutlich ohnedies keine »Ketzer«, sondern eher »stockkatholische« Studierende, trotz aller Schwächen, Ärgernisse, Laster und stadtbekannten Sünden.

68 Annie SRenoux (Le Mans), Art. »Normandie/Hochmittelalter«, in: LexMA 6 (1993), 1241–1244, 1241.

69 Der Bericht des Abtes Everwin von Steinfeld über die Kölner Ketzer erinnert in vielen Aussagen an die Predigten des Heinrich von Lausanne († 1145), sowohl, was den Inhalt als auch die Form betrifft: Gerhard B. Winkler, Bernhard von Clairvaux versus Petrus Abaelard, Aachen 2015, 53–56. Malcolm Lambert, Häresie im Mittelalter Von den Katharern bis zu den Hussiten, Darmstadt 2001, 45–63, 45 f.

# VIII.

(18) Das Folgende war, kurz gefasst, der Inhalt der Pariser Klerikerpredigt von Allerheiligen 1140:[70]

1. Die himmlischen Geister würden zum Lob Gottes aufgerufen. Für die sündigen Menschen dagegen gelinge der Zugang zu Gott nur durch die Bekehrung (Ez 18,23). Daher heiße es: »Wenn ihr nicht werdet wie die Kinder …!« (Mt 18,3)

2. Das Wort, das am Schöpfungsmorgen sagte: »Es werde Licht! Und es ward Licht. (Gen 1,3)«, sagte auch: »Bekehret euch!« Simon Petrus wirft die Netze im Namen seines Herren aus: Auch wenn ich nicht lügen sollte, müsse es trotzdem nicht das »Wort Gottes« sein, sagt der Völkerapostel. Der Apostel müsse aber die »Sache Jesu Christi mit voller Kraft betreiben, nicht seinen eigenen vermeintlichen Vorteil« (Phil 2,21): Die Zuhörer sollten sich mühen, die Stimme Gottes in der Menschenstimme der apostolischen Zeugen zu hören.

3. Überaus schwierig sei es nicht, das Wort Gottes als solches zu hören. Da sei bei den Ungläubigen das »Verstopfen der Ohren« schon mühsamer. Die Vernunft (*ratio*), welche die Erinnerung (*memoria*) aufarbeitet, könnte man als »Seele« bezeichnen. Kaum jemand vermöge vor einem solchen Tribunal zu bestehen, nämlich vor der »Erinnerung« (*memoria*) und der »Vernunft« (*ratio*).

---

70 Bernhard von Clairvaux, *Ad clericos de conversione* (1140). In Festivitate Omnium Sanctorum, An die Kleriker über die Bekehrung. Zum Fest Allerheiligen 1–40, in: Werke 4 (1993), 148–243.

4. Die Vernunft liest in dem sündigen Gedächtnis wie in einem Buch. »Neid (*invidia*), Habsucht (*avaritia*) und Ehrsucht (*ambitio*)« hätten hier keine Chance. Denn der »Aussatz« der Seele ließe sich nicht so leicht ertragen oder beseitigen wie die Lepra des Leibes. Die Auserwählten mögen diese als »väterliche Zuchtrute« annehmen. Denn es gehe ja um die Reinigung des Herzens. (Par. 4)

5. Wer in der Sünde verharrt – »*qui autem diligit iniquitatem, odit animam suam*« (Ps 10,6) – hasse nicht nur seine Seele, sondern auch seinen Leib (Par. 5). Es ist, wie wenn ein Wahnsinniger sich an seinem Leib vergreife. Doch sei die Verstocktheit schlimmer als aller Wahnsinn, nämlich die Selbstzerfleischung auf der Jagd nach Fliegen (»*vilem muscarum praedam*«). (Par. 5)

6. Die Buße für die irdischen Sünden dürfe nicht auf das Jenseits verschoben werden. Vielmehr müsse sie in diesem Leben erfolgen. Bernhard spricht hier von der unfreiwilligen Buße im jenseitigen *Purgatorium,* die Leib und Seele erfasse.[71] Der Mensch empfinde zwar Reue, aber er könne nicht mehr Buße tun. Denn zu letzterem brauche es einen Leib. Die Auferstehung des Leibes sei für die Verdammten nicht zur Buße geeignet, sondern nur zur Bestrafung. Und diese habe kein Ende. Obwohl für Bernhard die Origenesrezeption, vor allem z. B. die allegorische Auslegung der Heiligen Schrift, etwa des Hohen Liedes, sehr wichtig war, lehnte er mit aller Deutlichkeit die Lehre der Origenisten von der zeitlichen Begrenzung der Höllenstrafe ab.[72]

---

71 Div 106, 1–2, Werke 9 (1998), 774–777.

72 Bernhard als Origenist: Gerhard B. Winkler, Zur Origenesrezeption Bernhards von Clairvaux, in: Fs. für Ulrich Köpf/Tübingen, Mohr-Siebeck, hrgb. Albrecht Beutel, Reinhold Rieger, Evang. Theol. Fakultät Tübingen 2011, 561–574.

7. Der Gewissenswurm sei ernst genommen. Man ersticke ihn nicht. Man hege und pflege ihn, aber nicht bis zum Jüngsten Tag. (»*Vermis eorum non morietur…*«: Jes 66,24: Par. 7). Aber Gott sei gütig: Er lasse uns nicht über die Maßen versucht werden. Joseph Ratzinger schrieb schon 1960, dass die realistische Höllenpredigt nach den Vorlagen der Dogmengeschichte keine brauchbare Voraussetzung für leichtfertige Verwendung als »Sündenpredigt« sei. Leichtfertigkeit kann man auch Bernhards Pariser Predigt nicht nachsagen.[73]

8. Manche meinen, der menschliche Wille könne leicht der göttlichen Stimme gehorchen. So beginne der Fresssüchtige ein Fasten. Der Säufer vermeide die Trunkenheit. Der Dieb gebe den Armen ein Almosen (Eph 4,28). Er verschließe seine Ohren, wenn mit Bluttaten geprahlt würde.

9. Aber die Sinne des Sünders revoltieren: Der Gaumen, das Auge und die Zunge seien nicht faul, eine günstige Gelegenheit zum Jammern gefunden zu haben: »*Tum vero opportunum suae tempus nacta quaeremoniae lingua* … Es ist genau so, wie du gehört hast.«

10. Der menschliche Wille sei eine sinnliche Bestie, »*voluptuosa, curiosa, ambitiosa*«, sinnlich, neugierig und ehrgeizig. Sie wolle sich mit aller Gewalt der göttlichen Stimme widersetzen, eine Bestie, mit Geschwüren bedeckt (»*horrendis ulceribus*«). (Par. 11)

11. »*Ratio Animae*« musste alle Möglichkeiten von Quälereien erdulden. Ihre »*memoria*« ist wie ein Kloake voll von Schmutz. (Par. 8) Der kranke Wille, auch wenn er noch voller Eiter sei, beanspruche immer noch den Vorsitz. Die *memoria* stinke in ihrer Hässlichkeit. Der Tod finde jederzeit ein Fenster (Par. 7) im Leib offen, um einzudringen.

---

73 Joseph Ratzinger, Art. »Hölle«, in: LThK 5 (1960), 445–449, 449: Warnung vor »leichtfertiger Verwendung des Dogmas«.

# IX.

(19) 12. »Selig sind die Armen im Geiste.« (Mt 5,3: Par. 12) Die Ruhelosigkeit sei eine Form moralischer »Armut«. »Nicht die Erbärmlichkeit (*miseria*), sondern das Erbarmen (*misericordia*) mache selig. (Par. 12) »Heilsam sei es, wenn der von sich abwendet (*deficit*)«, den Gott vollendet (»*perficit*«). Zu diesem »Reich« könne es nur kommen, wenn das »Fleisch nicht mehr von der Sünde beherrscht ist«. Daher heißt es: »Selig die Sanftmütigen.« (Mt 5,4 etc.)

13. Die Wildheit müsse gezähmt werden (Par. 12): Du bist gefesselt. Du kannst dich nicht selbst befreien. Allerdings darfst du deine Eva (die »Kirche«) nicht verletzen. Die Gaumenlust führe zur Fettsucht der Kleriker. (Par. 13) Die Knochen könnten dann die Last des Fleisches nicht mehr tragen und litten großen Schaden. Wie aggressive stechlustige Bienen jage die Schlemmerei (*voluptas gutturis*: Par. 13) die Gierigen zu einer trügerischen Süßigkeit, voll von »Pein und Scham«.

14. Sinnlos seien die beliebten Schauspiele (Par. 14), was könnten sie dem Leib und der Seele Nützliches bringen? Denn für die Neugier (*curiositas*) wird man neben Leib und Seele keine wie immer gearteten Abnehmer finden. All diese Reize der Medien fördern die innere Unruhe, nicht das, was der Mensch wirklich nötig hat. Alles, was auf ständigen Wechsel angewiesen sei, könne den Menschen nicht zufrieden stellen. Diese »selige Nichtigkeit« (»*vana felicitas*«: Par. 14), besser: »nichtige Seligkeit«, bringe nichts als Ungemach hervor. Wut, Ver-

dacht, Missgunst und Neid seien die Früchte der Schauspiele. Das Verlangen nach Reichtum bestehe in einer unersättlichen, mühsamen und leidvollen Gier. Es entspräche mehr als Zeichen der Unvernunft, denn als Ausdruck des Unglaubens: »... *non tam insipientiae quam infelicitatis esse videtur.*« (Par. 14)

15. Der Reichtum versklavt, weil er kein *Memento mori* und keine »Incertitudo mortis« (Ungewissheit des Todes) kennt. (Par. 15) So komme es beim Schweinehüten zur Erniedrigung des »Verlorenen Sohnes«, nur weil er seinen »Vater« verlassen habe. (Lk 15,11–32) So führe er ein Sklavenleben ungezügelter Sinne. Sein Mammon und seine Habgier seien alle ein entarteter Götzendienst gewesen. (Par.15)

16. »Nichts ist sicherer als der Tod, aber auch nichts unsicherer als die Stunde des Todes.« »*Vanitas vanitatum!*« (Kohelet 1: Par. 16) Das ist die wahre Weisheit.

17. Die Menschen säten und hofften, wollten aber das verborgen Böse in dieser Welt nicht wahrhaben.

18. Es ist aber auch unmöglich für den Sünder, »im Verborgenen zu bleiben« (Sir 23,18). Nichts bleibe verborgen: Es sehe dich der gute Engel, allerdings auch der böse. Du kannst dich vor allem vor dem Auge Gottes nicht verbergen. Der, welcher dir die Ohren eingepflanzt und die Augen verliehen hat, nimmt alles wahr. Er durchdringt alles wie die Strahlen der Sonne. »Der Herr ist es, der mich beurteilt.« (1 Kor 4,3 f.)

19. Keiner kann sich hinter der »Wand« des Ezechiel (8,8–10) verbergen und seine Sünden kaschieren: »*objectu parietis*«. Nicht nur unkeusche Handlungen kämen ans Licht, sondern auch böse Geschäfte, böses Gerede und aufrührerische Sprüche werde der Allwissende allen bekannt machen. (Par. 18–19)

20. Die Evangelien sprechen nicht nur angesichts schwerer Verbrechen vom »ewigen Feuer«, auch wenn ein Baum »keine guten Früchte« hervorbringt, wird er abgehauen und ins »ewige Feuer geworfen« (Mt 25,41).

21. Im Übrigen müssten wir dem Frieden nachjagen, die Ehre Gottes suchen, nicht aber die eigene: »*Non nobis, Domine, non nobis, sed nomini tuo da gloriam*!« (Ps 113,9)

22. Der Wille sollte sich dem Verstandesurteil unterwerfen. Es könne jedoch auch sein, dass der Wille keineswegs auf die *ratio* achtet, sondern sogar im Zorn auf sie losgeht: »Wie lange muss ich euch noch ertragen? Eure Predigt verfängt bei mir nicht. Ich weiß, dass ihr schlau seid. Doch eure Schlauheit findet bei mir keinen Angriffspunkt.« Die Ziegelsklaven des ägyptischen Pharaos würden immer mehr bedrückt, je mehr sie nach der Freiheit verlangten.

23. »*Beati qui lugent.*« (Mt 5,5) Die Tränen der Reue reinigten das zuvor trübe Auge, sodass sich der Blick »auf die Helligkeit des strahlenden Lichtes« richten könne.

24. Die Trauer muss sich zur Sehnsucht nach den himmlischen Gütern verwandeln. Der wilde Wille muss Sanftmut (*mansuetudo*) und Fröhlichkeit (*hilaritas*) annehmen. Sogar dem Apostel Paulus warfen seine Zuhörer vor, nämlich der »edle Festus« vor König Agrippa: »das viele Nachdenken habe ihn Saulus verrückt gemacht.« (Apg 26,24) Es sollte ein Taborereignis über die wilde Schwermut der Apostel kommen, das sie bekanntlich so ausdrückten: »Hier ist es gut sein, hier wollen wir drei Hütten bauen, dir eine, Mose eine und dem Elia eine.« (Mt 17,4) Die himmlische »Wohnstatt« soll schon irdisch beginnen, indem die Qual des hiesigen Krankenbettes ein Ende findet.

25. Die paradiesische Freude (Gen 2,8) gibt es bisweilen schon in diesem Jammertal (Hld 4,12). Die geistli-

chen Tugenden sind das eigentliche Paradies. Die allegorischen vier Hauptflüsse des Gartens Eden[74] sind die Weisheit (*sapientia*), der Glanz der Enthaltsamkeit (*continentia*), der Himmel als Sold der »temporalis militia«. »*Non illud eruditio, sed unctio docet, nec scientia, sed conscientia.*« Der Redner warnt vor dem Rückfall in die alten Abhängigkeiten (2 Petr 2,22). Hund und Schwein müssen als biblische Belege herhalten.[75]

26. Auf der Schwelle zum Paradies hört man das Flüstern der göttlichen Stimme. Diese verwandelt derart den menschlichen Willen, dass für ihn die Seligpreisung gilt: »Selig, die hungern und dürsten nach Gerechtigkeit, denn sie werden satt werden.« (Mt 5,6) Ehrsüchtige, Genusssüchtige, Geizhälse, Eitle und die Bösewichter jeder Art lassen sich durch ihren seelischen Hunger erkennen.

27. Die Parabel vom Verloren Sohn und seinem unstillbaren Hunger fern vom Vaterhaus (Lk 15,11 ff.) illustriert einzigartig die Augustinische Formulierung aus den »Bekenntnissen«: Die Konversionsgeschichte (1–9), 1: »Anruf und Lob«: »… und ruhelos ist unser Herz, bis dass es seine Ruhe hat in Dir«[76]: »Selig die hungern und dürsten nach der Gerechtigkeit.« (Mt 5,6)

---

74 Die vier Paradiesesflüsse als Allegorie, vor allem »Weisheit« und »Enthaltsamkeit« bei Ambrosius von Mailand, De Paradiso, Opera 1, ed. Carl Schenkl, in: CSEL 32/1 (1896/1962), 263–336, 272 ff., 273: Phison (Ganges, Indien), Geon (Äthiopien), Tigris (Assyrer), Euphrat (Mesopotamien). Vgl. Josef Schmitz, hrgb., De sacramentis. De mysteriis, Freiburg/ Br. etc. 1990, in: FChr, Bd. 3 Ambrosius, Freiburg etc. 1990, 109 zu Gen 2, 10.

75 Paradiesesflüsse als Symbol: Ambrosius von Mailand, De Paradiso, Opera 1, ed. Carolus Schenkl., in: CSEL 32/1 (1896/1962), 263–336, 272 ff. Ebd.

76 Augustinus, Bekenntnisse: »Die Konversionsgeschichte«, 1–9. Erstes Buch: Kindheit. 1. Anruf und Lob, hrgb. Joseph Bernhart und Hans Urs von Balthasar, Frankfurt/M etc. 1955, 7.

## X.

28. Die Reinigung des Gedächtnisses, der *memoria*: Reinigung und Ausschöpfung des Unrates. Nur das »lebendige und wirksame Wort«, das »zweischneidige Schwert« könne das »Gedächtnis«, die *memoria* wirklich säubern. Dieses Zauberwort laute: »Deine Sünden sind dir vergeben.« (Mk 2,5) »*Tolle damnationem!*« »*Tolle timorem!*«. Nimm die Beschämung: »Tolle confusionem!« Die Erinnerung an die Vergebung kann dann sogar die Dankbarkeit fördern.

29. »Selig sind die Barmherzigen.« (Mt 5,7) Im eigenen Haus müsse der Friede wiederhergestellt werden. Wenn du jemanden betrogen hast, dann gib ein Almosen für die Armen, damit du dich nicht mehr zu schämen brauchst.

30. Wenn auch dein Gedächtnis gereinigt ist, dann darf dich die Stimme des Herrn erreichen: »Selig, die ein reines Herz haben, denn sie werden Gott schauen.« (Mt 5,7) Aber selbst die Reinigung des leiblichen Auges bedarf der ärztlichen Kunst, der Mühe, Vorsicht und Ausdauer, damit alle Eintrübung dem klaren Licht weiche.

31. »Selig die Frieden stiften.« (Mt 5,9). *Habet, tenet, facit*: Der friedensfähige Christ besitze eine Gabe des Ausgleichs der Friedhaftigkeit. Er sei in der Lage, eine friedhafte Atmosphäre zu halten und zu verbreiten, drittens könne er Frieden stiften, wo Menschen sich gegenseitig hassen, gefährden und zu vernichten drohen. Bernhard entschuldigt sich für seine zu lange Pre-

digt, beruft sich aber sogar auf das Vorbild des hl. Paulus. Diesem stürzte ja in Troas sogar ein junger Zuhörer wegen seiner langen Predigt schläfrig aus dem Fenster (Apg 20,7). Paulus berief sich auch auf seinen eigenen »Unverstand«: Denn er liebe seine Zuhörer mit der Eifersucht Gottes. (2 Kor 11,1–2)

32. Die Ehrgeizigen (*ambitiosi*) seien ungeeignet, die Menschen mit Gott zu versöhnen, weil sie nur an sich selber, ihren Erfolg und ihre Ehre dächten: Wahrscheinlich war das eine Ursache des Verrates: »Judas, mit einem Kuss verrätst du den Menschensohn« (Lk 22,48). Der Schlüssel zum Wissen züchtigt künftige Verräter. Kein irdischer Machthaber würde die klerikalen Frevel dulden, wie z. B. verbotene Ämter und Einkünfte anzustreben oder verbotene Geschäfte (z. B. Gastwirtschaft) auszuüben: »Selig, die reinen Herzens sind«, das sind jene, die nicht ihren Vorteil anstreben. »Petrus, liebst du mich?« »Du weißt alles, du weißt auch, dass ich dich liebe!« (Joh 21,16 f.) Einem anderen dürfte man keine Schafherde anvertrauen. Diese ehrliche Liebesfähigkeit sei auch die Grundlage für alle Versöhnung.

33. Voraussetzung, Friedensstifter zu werden, wäre die Reinheit des Herzens. Aber diese finden sich nicht selten wie bei Adam nach dem Fall. Er überhörte den Ruf Gottes im Garten, obwohl er nackt, elend und erbärmlich war. Außerdem zeigte er keine Spur von Sanftmut: Er freute sich bei bösen Taten und jubelte bei den übelsten Vorgängen. Geld, nicht Gerechtigkeit, strebte er an. »Unersättlich hungert er nach Würden, nach irdischen Ehren dürstete er.«

34. »Getadelt müssten solche werden, die nicht enthaltsam leben und sich nicht scheuen, die heiligen Weihen unverschämt zu besudeln.« Die Vision Ezechiels (8, 8–10) vom Haus Gottes zeigt, dass schon im Alten

Bund im Verborgenen von den Priestern gesündigt wurde, indem man das Heiligtum durch Unzucht schändete.

35. Sodom und Gomorrha wurden vom göttlichen Gericht erfasst und vernichtet. Feuer, Schwefel und Sturmwind verwüsteten auch das Land wegen seiner Zeugenschaft und »Mitwisser« der perversen Bewohner. Du »königliche Priesterschaft« (1 Petr 2,8), was ist aus dir geworden?

36. Diese Kleriker schänden den »Tempel Gottes«. Den Turmbau der Bibel (Lk 14,28) müsse man vor Beginn nüchtern berechnen. Wenn einem die Kraft der Enthaltsamkeit nicht gegeben ist, dann möge er nicht leichtfertig »Vollkommenheit geloben« oder sich dem Zölibat anderweitig verschreiben. »Es sei besser zu heiraten, als zu brennen … Man möge doch das Heilmittel (*remedium nuptiale*) der Ehe nicht verschmähen.« Die alten Handschriften, auf welcher die kritische Bernhardausgabe von Jean Leclercq und H. Rochais fußten, merkten hier 1 Kor 6,12–20 offensichtlich als mögliche neutestamentliche Quelle Bernhards an. Allerdings findet sich hier kaum ein deutlicher Hinweis, wie die von den Vätern heftig kritisierten geistlichen Ehen oder gar das vielfach gnostische »Syneisaktentum«[77].

37. Buße (*paenitentia*): »Nicht sinnentleert dürfe die ehelose Lebensform sein noch leer an Wahrheit!« »Flieht aus der Mitte Babylons, flieht und rettet eure Seelen!«

38. Verwalter von Geheimnissen … Friedensstifter. »Von überall laufen Sünder zur Buße.« Auch verwöhnte Christen scheuten nicht größte Anstrengungen (»*exteriorem asperitatem*«), um das erbitterte Gewissen zu beruhigen. Angesichts dieser Bereitschaft der Menschen zur Demütigung, zum Gehorsam und zur Gnade überhaupt wäre es ein wunderbarer Beruf, »Verwalter der

77 Anne Jensen (Graz), Art. »Syneisakten«, in: LThK (2000), 1175.

Geheimnisse Gottes« (1 Kor 4,1) zu werden. »Friedensstifter« zu sein wäre auch die wichtigste Aufgabe der künftigen Geistlichen. Aber die bittere »Wurzel des Ehrgeizes« (*amaritudinis*) verhindert das Werk der Versöhnung. Daher gelte für einen künftigen Priester die Aufforderung des Herrn an seine Jünger, bei der Einladung zu einem Fest den letzten Platz zu wählen (Lk 14,8–10).

39. *Beati pacifici* (Mt 5,9) verstehen viele als die Seligpreisung der Friedensschwätzer (*pacidici*), nicht der Friedensstifter (*pacifici*). Die »Schwätzer« sollten die einfachste Sorge um ihre Herden pflegen. Der »bezahlte Knecht« muss nicht unbedingt der lausigste sein. Er muss nur bereit sein, die »Wölfe« unschädlich zu machen, nicht aber selber den reißenden Wolf zu spielen. Er dürfe nicht selbst Verwirrung in die Herde bringen durch Ungerechtigkeit und Unwahrheit.

40. Wer die *ambitio* und die *avaritia* meidet und bereit sei, Gehässigkeit zu ertragen, der nähere sich schon dem Ideal des »Guten Hirten«, der sein Leben hingibt für seine Schafe. (Joh 10,11; Lk 15,6)

# XI.

(20) Bernhard ging es offensichtlich nicht um einen demagogischen Erfolg, um in der Öffentlichkeit Staat zu machen. Seine Eloquenz bestand sicher nicht nur in seinem zweifellos gegebenen Naturtalent, mit der Sprache überzeugend umzugehen, sondern auch in seiner persönlichen geistlichen Ausstrahlung. Sie verhalf ihm auch zu der Schar von Novizen, die er als »Beute« nach Clairvaux zu bringen vermochte. Dies waren die drastischen Worte des Biographen und Sekretärs Gottfried von Auxerre († 1188), des Schülers Abaelards († 1142), der 1140 für das Mönchtum in Clairvaux[78] gewonnen werden konnte. Aber insgesamt sprach Bernhard eigentlich für die reformfreudigen »Kanoniker«. Er unterließ es nicht, seine Zuhörer zu warnen, ungeniert den geistlichen Stand anzustreben, falls sie sich nicht in der Lage fühlten, ihre Triebe zu

78 Gottfried, Schüler Peter Abaelards, wurde nach dem Pariser Ereignis »erster« Sekretär und schließlich einer der drei Biographen Bernhards († 1188): Ludwig Ott, Art. »Gottfried von Clairvaux«, in: LThK 4 (1960), 1138: dann Wilhelm von Saint-Thierry; Abt von Segni in den Ardennen, der sich auch als theologischer Berater spezialisierte; schließlich Arnold, Benediktiner-Abt von Bonneval, der vor allem auch über die Wunder des Heiligen systematisch berichtete. Vgl. die immer noch sehr lesenswerte knappe Biographie von Alberich Martin Altermatt (übers. und hrgb. nach Jean Leclecq), Bernhard von Clairvaux. Entschiedenheit in Demut, Freiburg/Schweiz 1991, 14 ff. Ebenso: Jean Leclercq, Bernhard von Clairvaux. Ein Mann prägt seine Zeit, München etc. 1990, 9–12.

beherrschen.[79] »Es sei besser zu heiraten, als ständig zu brennen,« sagte er lakonisch. Aber umso weniger hätten vor allem »Sodomiten« im Klerus etwas zu suchen. Diese Sünder unterlägen nämlich einer argen Selbsttäuschung. Weil sie sich vom weiblichen Geschlecht wenig angezogen fühlten, meinten sie, geeignet und wie geschaffen für den geistlichen Beruf zu sein.[80] Das Gegenteil sei jedoch der Fall. Es sei nur bemerkenswert, dass diese Sünder, offensichtlich noch nie die biblischen Erzählungen von Abraham und Lot (Gen 19,1–26) gelesen hätten, wo vom schauerlichen Untergang der Städte Sodom und Gomorrha die Rede war. Es galt bei feierlichen Ordensgelübden auch das Prinzip der Unauflöslichkeit ähnlich wie bei gültig geschlossenen Ehen, die als Sakrament immer als unauflöslich betrachtet wurden. Im Zeremoniell des kirchlichen Eherechts galt bekanntlich die stereotype Formel: »Bis dass der Tod euch (die Nupturienten) scheide!« Es war daher kein allzu leichtes Unterfangen, die Würde eines Standes abzuwägen, das unterschiedliche Gewicht der damit verbundenen Verpflichtungen zu bedenken, wahrzunehmen und zu würdigen.[81]

(21) Hughes (Hugo) von Saint-Victor (†1141) war Propst des Konvents der »Victorinen« von Paris und der Leiter deren berühmter »Hochschule« nach dem bedeutenden »Frühscholastiker« und erkenntnistheoretischen »Rea-

79 Sodomie: Bernhard, »*Ad clericos de conversione*«: in: Werke 4 (1993), Par. 36, 234–260; 234–237. »...abstinentes remedio nuptiali...« Es sei »besser zu heiraten als zu brennen«: aaO, 236 f.

80 Ebd.: Bernhard, *Ad clericos de conversione*, in: Werke 4 (1993), Par. 36, aaO, 148–260, 236/ 237.

81 Vgl. Anm. 20 und 22: Gerhard B. Winkler, Referat in Stift Schlägl über das Verhältnis der Prämonstratenser zu Bernhard von Clairvaux, in: Schlägler Nachrichten 2004, aaO, 180–188.

listen« Wilhelm von Champeaux[82] (†1121). Als Bischof von Châlons ordinierte dieser 1114 den Abt von Clairvaux, seinen Freund, wie wir schon erwähnt haben. Die Chorherren von Saint-Victor in Paris, die man auch etwas lässig »Victorinen« nannte, waren in der Regel keine »Nominalisten« und hatten wohl auch deshalb professionelles Vertrauen zum Abt von Clairvaux. Der gelehrte Propst Hughes von Saint-Victor stand als einer der führenden Theologen[83] seiner Zeit, nämlich als »Realist«, dem »Nominalisten« Peter Abaelard, der sich in seinem Kloster lautstark bemerkbar gemacht hatte, sowohl theologisch als auch philosophisch reserviert gegenüber. Er war, wie gesagt, akademischer und kirchlicher Nachfolger Wilhelms von Champeaux, des Begründers der Schule von Saint-Victor, eines der wichtigsten Väter der methodischen Früh-Scholastik[84]. Unter seinem Namen wurde das *praeceptum*, ein Regelkommentar, mit 200 Exemplaren bekannt.[85] Wilhelm beschloss ein reiches Lebenswerk als späterer Bischof von Châlons-sur-Marne (†1121). Er war nebenbei der Bischof, der den jungen Abt von Clair-

82 Martin Grabmann, Die Geschichte der katholischen Theologie seit dem Ausgang der Vaterzeit, Darmstadt 1980, 35 ff.: Wilhelm von Champeaux, aaO, 35: Begründer der »...scholastische Quästionen- und Sentenzenliteratur«: aaO, 36. Hugo von Saint-Victor, aaO, 36. Abaelard, aaO. 37 f.

83 Sein Spezialgebiet war die Sakramentenlehre, die angesichts der Albingenserkrise von höchster Bedeutung war: Hugonis de S. Victore, Opera, Bd. 2 (*Opera dogmatica, mystica et Epistolae*), ebd: J. P. Migne PL 176 , 173–618: »De sacramentis Christianae fidei«.

84 Martin Grabmann, Scholastische Theologie: »Einleitende Epoche (Frühscholastik)«, Die Geschichte der katholischen Theologie, aaO, 29–46.

85 Ulrich Köpf, Bildung im Leben und Wirken der Regularkanoniker, in: Studien zum Bildungswesen der bayerischen Chorherren in Mittelalter und früher Neuzeit, hrgb. Gert Melville und Alois Schmid, Paring 2008, 53–82, 62: PL 176, 881–924: »Beten, Lesen und Arbeiten«.

vaux nicht nur ordinierte, sondern sich auch 1118 um den physischen Zustand des Heiligen wegen seiner delikaten Verfassung Sorgen machte. Als ein Begründer einer Scholastik, d.h. bereits einer »wissenschaftlichen Theologie«, konnte er sich mit dem »Nominalismus« wegen der lauten Wortgefechte nicht abfinden: Daher war er ein deklarierter Gegner des jungen Peter Abaelard geworden, der seinerseits ein angehender Benediktinermönch und Abt war, der aber die besinnlichen Hallen von Saint-Victor keineswegs respektierte.

Als Nachfolger des Propstes Wilhelm verfasste Hughes (Hugo) von Saint-Victor grundlegende Schriften zur Sakramentenlehre.[86] Wahrscheinlich aus dem niedersächsischen Grafengeschlecht derer von Blankenburg in Hartingham war er von den Augustiner Chorherren in Hammersleben bei Halberstadt erzogen worden.[87] Dieser hatte bekanntlich auch Bernhard in die Auseinandersetzung um Abaelard's Ablehnung der »Kleinkindertaufe« eingeweiht (Joh 3,5). Damit traf er auch deren Ablehnung durch die Ketzer seiner Zeit: die Katharer, Albingenser, Toulousaner, Waldenser und im 12./13. Jahrhundert[88] andere heterodoxe Geister aller Art.

---

86 Hugonis de S. Victore, Opera, Bd. 2, »*Opera dogmatica, mystica et Epistolae*«, in: PL 176: De sacramentis Christianae fidei«, 173–618. Gerhard B. Winkler, Bernhard von Clairvaux *versus* Petrus Abaelard, Aachen 2015, 31–35.

87 Lucas Jocqué, Ludwig Milis, Ed., *Liber Ordinis Sancti Victoris Parisiensis,* in: CCh 61, *Continuatio Mediaevalis,* Turnholt 1984, *Introduction Historique,* VIII–XI.

88 Bernhard von Clairvaux, Ep. 77, 1–22, in: Werke 2 (1992), 608–641. Vgl. auch Gerhard B. Winkler, Bernhard von Clairvaux *versus* Petrus Abaelard. Der allgemeine Heilswille und ›Die Wiedergeburt aus dem Wasser und dem Geist‹ (Joh 3, 5), Aachen 2015, 31–35: Drittes Kapitel »Hugo von Saint-Victor«. Die Quelltexte finden sich Hugonis de S. Victore, Opera 2, *Op. dogm., mystica et Epist.,* in: PL 176: »*De sacr. Christ. fidei*«, 173–618.

## XII.

(22) Es sollte jedoch nach dem Willen der Auftraggeber (der Viktorinen) keine Streitschrift aus Ep. 77, 1–22 werden. Die Pariser Chorherren hatten das Theologengezänk, wie bereits erwähnt, schon satt bekommen. Jetzt sollte Bernhard, der Gründungsabt von Clairvaux, exzellentes Latein, ansprechende Stilisierung und überzeugende Argumente für die Kleinkindertaufe und gegen die »ketzerische« Lehre der Wiedertäufer liefern. So wurde 1125 der Brieftraktat[89] geschrieben. Peter Abaelard hatte offensichtlich versäumt, Augustinus und die anderen führenden Kirchenväter einigermaßen gründlich zu lesen, den gebotenen Unterschied zwischen *verbum* einerseits und *res* andererseits zu respektieren und in vermeintlicher biblischer Texttreue vor einem unstatthaften Biblizismus Abstand zu bewahren.[90] »Wer nicht wiedergeboren wird aus Wasser und dem (Heiligen) Geist, kann das Reich Gottes nicht erlangen.« (Joh 3,5) Das war der Glaube katholischer Christen seit ihren Anfängen. Die Katharer des 12. Jahrhunderts waren drauf und dran, diesen Glauben der Jahrhunderte zu zerstören.

(23) Für Gerhoch von Reichersberg wurde das Hochstift Salzburg zum Lebensschicksal. Der sel. Konrad I. von Abensberg, der Erzbischof von Salzburg († 1147),

89 Bernhard von Clairvaux, Ep. 77, 1–22, in: Werke 2 (1992), 608–641.

90 Augustinus, *De spiritu et littera liber unus*, in: CSEL 60, 155–229.

betrieb aus Überzeugung die Einrichtung »regulierter« Kanoniker-Kommunitäten auf seinem eigenen erzbischöflichen Sitz in Salzburg und bei seinen sog. »Suffraganen« im engeren Sinn (Seckau, Gurk, Lavant, Chiemsee, den sog. »Pontifikalvikaren«). Vergleichbares erreichte er aber nicht unbedingt bei seinen gefürsteten »Suffraganen« von Passau, Regensburg, Freising und Brixen.

Passau hatte schon während des klassischen Investiturstreits unter dem hl. Papst Gregor VII. († 1085) einen Sonderstatus durch seinen charismatischen, aus Westfalen stammenden hl. Bischof Altmann († 1091) gewonnen. Dieser war der einzigartige Gründer und Förderer des Chorherrnstiftes St. Nikola vor den Toren des alten Passau (1067). Maßgeblich förderte er den babenbergisch-ostmärkischen Anteil seines Bistums: nämlich etwa Göttweig (1081), St. Florian bei Linz und St. Pölten in Niederösterreich hatten eine bereits gemilderte Mischform der Augustinerregel, sodass Altmann glaubte, auf eine strengere Übung des Armutsgelübdes hinarbeiten zu müssen.[91] Die Armutsfrage der Kirche, nebenbei bemerkt, dürfte seit den apostolischen Anfängen mit »Ananias und Saphira« (Apg 5,1–11; RB 57, 5) ein Topos der Spiritualität und Anlass des Ärgernisses gewesen sein, das immer wieder die Kirche herschütterte. 1112 wurde auch das Kanonikerstift Herzogenburg von Passau aus an der Traisenmündung der Donau gestiftet.

91 Zu Bischof Altmann von Passau: Floridus Röhrig, Die Augustiner Chorherren in Österreich, in: Die Stifte der Augustiner-Chorherren in Österreich, Südtirol und Polen, hrgb. Floridus Röhrig, Wien 1997, 9–28, 13 f. Gregor M. Lechner und Herbert Fasching Stift, Göttweig und seine Kunstschätze, St. Pölten/Wien 1983, »Frühgeschichte«, 10–16.

Die Gründung von Reichersberg (1083) konnte dieser Reformtradition und ihren Idealen vollauf entsprechen. Aber das Werk des Propstes Gerhoch (†1169) kennzeichnet schon wieder eine neue Generation, etwa die des hl. Markgrafen Leopold (†1136), seiner zweiten Gattin Agnes, Witwe des Herzogs Friedrich I. von Schwaben, des Kaisers Heinrich III. und der Mutter Heinrichs IV. (†1156); dazu Mutter des sel. Bischofs Otto von Freising, des Markgrafen Leopold I. Sohnes, des Historiographen (†1158), und dessen Bruders, Erzbischof Konrad II. von Salzburg (†1168).

(24) Vom Wohlwollen der Passauer abgesehen, müssen wir feststellen, dass sich weder der Ortsbischof noch das berühmte St. Nikola an klerikalen Stiftungsinitiativen beteiligten, um eine wohldotierte und erfolgreich beginnende Augustinerpropstei Reichersberg zu garantieren. Auch der Münchner Landeshistoriker Wilhelm Störmer fand es seltsam, dass für die Gründung Reichersbergs keinerlei Passauer Initiativen in den Quellen zu finden seien, weder »von Bischof Altmann (†1091) persönlich noch von dessen Stift St. Nikola«[92]. Vielmehr erfolgte tatsächlich die reiche Dotierung ausschließlich durch die wohlhabende Familie des bayerischen Hochadels, die an der Stelle des späteren Kanoniker Stiftes Reichersberg ihren Stammsitz gehabt hatte.

Stifterin wurde die Schwester Luitgart (*fidelis mulier*)[93]des sel. Erzbischofs Gebhard von Salzburg

92 Wilhelm Störmer, Gründungs- und Frühgeschichte des Stifts Reichersberg am Inn, in: 900 Jahre Augustiner Chorherren, Fs., aaO, 24.

93 Wilhelm Störmer, »Der jüngere Verwandtschaftskreis des Klosterstifters Werner und sein Verhältnis zum Stift Reichersberg.«, in: 900 Jahre Augustiner, Fs., aaO, 35–42, 35.

(† 1088) mit ihrem ersten Gatten Werenher (Werner)[94], dem Burgherren von Reichersberg. Diese waren des Erbschaftstreits überdrüssig, den sie durch die verbundenen rauen Sitten und Gewalttätigkeiten ihrer Verwandten zu erdulden hatten. So setzte Luitgart frisch und fröhlich den erzbischöflichen Stuhl ihres Bruders, des sel. Gebhard, zum Erben ein. Der Beschenkte verpflichtete sich nur durch die Auflage, der Entstehung einer »Kanonie« auf ihrer vererbten ungewöhnlich reichen Besitzung nichts in den Weg zu legen.[95] Auf diese Weise wurde der Salzburger erzbischöfliche Stuhl auch durch eine überaus wertvolle Klientel bereichert. Das galt für den hochstiftlichen Bereich der Passauer Diözese und die Ehre der Stiftung eines der segensreichsten der zahlreichen altehrwürdigen Augustinerklöster aus dem Salzburger Umfeld.

Dass der Propst Gerhoch von Reichersberg († 1169) dadurch zum Berater des Erzbischofs Konrad I. von

94 In den von Gerhoch verfassten Annales Reicherpergenses heißt es: »Um diese Zeit war in der Burg Reichersberg Wernher Herr dieser Burg, ein sehr edler und reicher Mann, der sich vermählt hatte mit Dietbirga, einer Schwester des Erzbischofs Gebhard von Salzburg, und daher aus seinem Geschlecht. Da Wernher nach dem Tod seines Sohnes Gebhard, der im Jünglingsalter gestorben war, und für den Dietbirga, seine Gemahlin, keinen Erben mehr hatte, entschloss er sich umso mehr, Gott und den heiligen Michael zum Erben zu erwählen.« Die Entscheidung fiel für das Ehepaar nicht allzu schwer, weil außerdem zwischen ihrem weiteren und engeren Verwandten ein heftiger Streit wegen des Erbes entstanden war. Das war u. a. der Motor für die überaus großzügige Stiftung.« Vgl. Gregor Schauber (Reichersberg), in: Die bestehenden Stifte der Augustiner-Chorherren in Österreich, Südtirol und Polen, hrgb. Floridus Röhrig, Klosterneuburg-Wien 1997, 261–335, 263.

95 Wilhelm Störmer, Gründungs- und Frühgeschichte des Stiftes Reichersberg, ebd., 25.

Abensberg († 1147) avancierte, entsprach einer höheren Gerechtigkeit. Es war das gerade Gerhochs Lebensaufgabe, die sein Temperament erforderte. Seine Heimat, der Ammergau, war wohl stärker alemannisch als bajuwarisch geprägt gewesen. Das meinten wohl die zitierten Autoren französischer Zunge, wenn sie das Temperament des Kirchenreformers rühmten. Übrigens dürfte er auch ein herkunftgemäßes Idiom des heimischen alemannischen Dialekts gesprochen haben.

(25) Die praktische Untätigkeit Passaus bzw. das diesbezügliche Schweigen der Quellen bei der Entstehung des Stiftes Reichersberg bleibt, wie gesagt, auch nach dem reservierten Urteil der Experten »sonderbar«. Vielleicht kann ein genaueres Eingehen auf die alte Salzburger Kirchenprovinz manchem Leser wenigstens eine gewisse Hilfe sein, die Rätsel der Vergangenheit etwas zu lüften. Die Metropolie umfasste bekanntlich vier echte »Suffragane«, die dem Reichsfürstenstatus des 13./14. Jahrhunderts schon entsprachen: nämlich Passau, Regensburg, Freising und Brixen. Diese rivalisierten nicht selten. Sie konnten kaum einmal das standesgemäße *»rittern«* lassen, d.h., Vergleiche anzustellen, um im vielfältigen Wettbewerb als der Bessere dazustehen. Da gab es Versuche, es der Metropolie gleich zu machen oder diese gar zu übertreffen.

Sogar die Kunsthistoriker können die Gemeinsamkeiten von Erzbistum und Bistum heute noch in Passau feststellen. Der Fall der Stiftsgründung von Reichersberg mag in Passau nicht jedermann gefallen haben. In Regensburg hatte Gerhoch Schwierigkeiten mit seiner Strenge und dem hohen Ideal einer wirklich praktizierten *vita communis*, d.h., eines »gemeinsamen Lebens«, ohne dass vielleicht auch der schwäbelnde Akzent die traute Gemeinsamkeit gestört hätte. In Cham wollte er als Inhaber der uralten Pfarrei die Kleriker von der Sakramentenspendung fernhalten, wenn sie öffentliches Ärgernis gaben.

Das Bistum Freising mit seinem alemannischen Anteil und seinen vorbildlichen »Stiften« blieb ihm unauslöschlich in Erinnerung. Vielleicht aber litt er auch ein wenig an einer provinziellen Enge. Reichersberg am Inn zog er eindeutig dem Ammersee vor. Am Inn fühlte er sich wohl und zu Hause. Denn zwischen dem Erzstift Salzburg, zwischen Bamberg und Rom, fand er sein Betätigungsfeld. Papst Innozenz II. (†1143) überprüfte seine Sakramentenlehren und stand zu ihm. Gerhoch war demnach kein »Donatist« im eigentlichen Sinn. Der Salzburger Erzbischof Konrad I. (†1147) brauchte sogar seine Hilfe. Gerhoch musste es erst lernen, auch mit öffentlichen Sündern unter dem Domklerus umzugehen. So wurde das spätere »Innviertel« sein *Refugium*, ja gewissermaßen seine Welt.

# XIII.

(26) Zur Metropolie gehörten auch noch die »Hilfsbischöfe« ohne Reichsfürstenstatus. Es waren dies ebenfalls vier: das Bistum Chiemsee, gegründet schon durch den hl. Bischof Virgil, d. h. »Fergal« (†784); dann Gurk (1072), Seckau (1219) und Lavant (1226). Diese hatten Aufgaben zu erfüllen, für die heute vergleichsweise Weihbischöfe zuständig sind. Sie hatten aber anders als normale Weihbischöfe beständige Vollmachten als Ortsordinarien, allerdings nur für einen jeweils sehr begrenzten Sprengel. Sie wurden auch von Salzburg, wie später Weihbischöfe, für Pontifikalfunktionen beansprucht. Daher hießen sie noch in den Dokumenten des 16. Jahrhunderts »Pontifikalvikare«[96]. Sie spendeten die höheren Weihen und hielten lokale Konferenzen ab; sie hatten Dekanatssynoden und auch sonstige feierliche Klerusversammlungen einzuberufen. Sie durften sogar Provinzialsynoden im Auftrag des Erzbischofs leiten. Unter ihnen sollten später auch begnadete Prediger sein, wie etwa Urban Sagstätter von Gurk (†1574), genannt der »Österreicher«, ein Wiener Findelkind aus der Zeit der Türkenkriege von 1529. Sie halfen auch bei Sedisvakanzen aus. Sie sollten im Kirchenrecht gut beschlagen und in der Lage sein, eine feierliche Predigt in geschliffener lateinischer Sprache zu

96 »Pontifikalvikare«: Gerhard B. Winkler, Die nachtridentinischen Synoden im Reich. Salzburger Provinzialkonzilien 1569, 1573, 1576, Wien, Köln, Graz 1988, 64 ff. *ubique*.

halten.[97] Insgesamt konnte der Erzbischof und Metropolit auf diese Klein-Suffragane, auch wenn sie nicht streng weisungsgebunden waren, durchaus wie auf Generalvikare einwirken. Der Chiemseer-Suffragan z. B., der in der Stadt Salzburg zu residieren hatte, musste sich sogar beim Erzbischof abmelden, wenn er einmal seinen »Chiemseerhof« (den heutigen Sitz der Landesregierung) verlassen wollte.

(27) Gerhoch, zuletzt erfolgreicher und glücklicher Propst von Reichersberg (†1169), stammte, wie schon oben erwähnt, aus dem oberbayerischen Ammergau im Bistum Freising, unweit des Kanonikerstiftes südlich von Dießen am Ammersee. In Rottenbuch (Raitenbuch) am Oberlauf der Ammer, in der Diözese Augsburg, südöstlich der Welfenburg Peiting, gleichfalls im Ammergau, hatte er 1120 die *vita communis*, das »gemeinschaftliche Leben«, wie einen Glaubensartikel kennen und schätzen gelernt. Ein französischer Historiker schrieb über Gerhoch »*homme estimable mais d'un zèle turbulent*«[98], ein schätzenswerter Mensch, aber von einer wilden Emotionalität, was sein »alemannisches« Gemüt und den gleichen Eifer betrifft. Vielleicht war der neue Propst manch einem an der Passauer Kurie nicht ganz geheuer. Das könnte auch die allgemein bekannte und auffällige Schweigsamkeit der Quellen diesbezüglich erklären.

(28) Der Salzburger Erzbischof, der sel. Konrad I. von Abensberg (†1147), fand in Gerhoch einen eindeuti-

97 Gerhard B. Winkler, Die nachtridentinischen Synoden im Reich, ebd.

98 D. Godefroy Madelaine, Histoire de saint Norbert, Paris 1886, 122, zit. in: Jean de la Croix Bouton (Ed.): »*La guerre contre les vices*«: in: Bernard de Clairvaux, Paris 1953, 271.

gen Helfer mit »tätigem Gemüt« unter den benachbarten »Suffraganen« Freising, Regensburg und vor allem Passau. Der Erzbischof vermachte ihm und seiner Kommunität sozusagen auf fürsterzbischöflichem Salzburger »Grund und Boden« eine großzügige »Schenkung« bzw. Stiftung, wenn man den Grundbesitz der Gräfin Luitgart, der erzbischöflichen Schwester Gebhards von Salzburg, wegen des Rechtstitels als erzbischöflichen »Eigenbesitz« verstehen darf. Auf alle Fälle kam das Kloster Reichersberg am Inn zu einer ungewöhnlich reichen Dotierung, die letztlich kaum spürbar unter der obrigkeitlichen Ägide der bayerischen Herzöge stand. Ein langlebiges und blühendes Reformzentrum mit einer überaus erfolgreichen geistlichen »Politik« der Augustinischen »*vita communis*« war das Ergebnis. An dieser reformerischen Stiftung des adeligen Gutshofs Reichersberg am Inn war offensichtlich weder das nahegelegene Hochstift Passau noch das dortige Chorherrnstift St. Nikola in Passau beteiligt gewesen. Spirituell könnte man das Stift sozusagen eher als verspatete Frucht des alemannischen Rottenbuch (Raitenbuch) am Ammersee ansehen, d.h. der auch von Gerhoch einst sehr gewürdigten Chorherrenabtei.[99] Dass der Erzbischof von Salzburg hochstiftisches Gut zu vergeben hatte, schien zunächst eine

99 Wolfgang Jungschaffer, Art. »Reichersberg«, in: LThK 6 (1963), 1109: Erzbischof Konrad I. von Salzburg (†1147) gab quasi die vom Gegenbischof Berthold von Moosburg (†1115) entfremdeten Reichersberger Besitzungen mit Hilfe König Heinrichs V. (†1125) den Chorherren zurück. Die Stiftung Reichersbergs, könnte man sagen, sei ein Zeichen für den schrittweisen Sieg der päpstlichen Partei gewesen. Zu »Rottenbuch«: Wilhelm Störmer, Gründungs- und Frühgeschichte des Stifts Reichersberg am Inn, in: 900 Jahre Augustiner Chorherrenstift Reichersberg, Festschrift, aaO, 23–42, 23 f. Franz Ortner, Sel. Konrad I. von Aben(s)berg (um 1075–1147), in: Salzburgs Bischöfe in der Geschichte des Landes (696–2005), Salzburg 2005, Kapitel 25, 80–84.

verlockende Erklärung. Sie wurde aber plausibler, als wir definitiv feststellen mussten, dass die adelige Stifterin Schwester des regierenden Erzbischofs, des sel. Gebhard, († 1088) von Salzburg, war, des nicht ganz unmittelbaren Vorgängers und etwas späteren Gesinnungsgenossen des regierenden Erzbischofs und Anhängers der päpstlichen Partei, Konrads I. von Abensberg († 1147), im nachgregorianischen Investiturstreit. Die Blutsverwandtschaft der Stifter mit dem sel. Erzbischof Gebhard († 1088), eines »Bekenners« der Reform, erklärt warum nicht z. B. Passau, sondern das entferntere Salzburg direkt die namhafte Reform-Stiftung gemacht hatte.[100]

(29) Der Gerhoch der Historie hatte nur eine Schwäche: Mehr als sein Gesinnungsgenosse Bernhard von Clairvaux († 1153) neigte er ein wenig zu radikalen Forderungen an den Klerus. Er hatte »donatistische« Anwandlungen, für die er, vielleicht sogar mit Recht, kirchliche Zurechtweisung seitens Regensburgs einstecken musste. Wie wir schon erwähnt haben, beschützte allerdings Papst Innozenz II. († 1143) den für ihn unschätzbaren Propst von Reichersberg. Aus der kriegerischen Warte von Rom und seinen bitteren Jahren als umherirrender Gegenpapst hatte Innozenz II. für die kämpferischen Auffassungen Gerhochs ein gewisses Verständnis.

---

100 Des Rätsels Lösung war zu verdanken dem »Ordinarius für bayerische Geschichte« in München: Wilhelm Störmer, Gründungs- und Frühgeschichte des Stifts Reichersberg am Inn, in: 900 Jahre Reichersberg, Fs., aaO, 23–42, 23. Vgl. auch ders. »Verwandtschaftskreis des Klosterstifters Werner«, aaO, 35–42.
Vgl. auch: Heinz Dopsch, Kapitel »Der Beginn des Investiturstreits: Erzbischof Gebhard und Heinrich IV./ Erzbischof Konrad I,« in: Geschichte Salzburgs. Stadt und Land, hrgb. Heinz Dopsch, Hans Spatzenegger, Bd. I/I, Salzburg 1981, 232–254.

Das heißt noch lange nicht, dass er echte »donatistische« Tendenzen hatte, Häresien vertrat oder gar eine solche hätte wirklich verteidigen wollen. Gleichwohl hätte der hl. Bernhard, der damals in Rom wegen seiner mutigen Parteinahme für den Papst während des Schismas sehr gut angeschrieben war, jede Form von wirklichem Donatismus mit Argwohn und Ablehnung betrachtet, auch wenn er im Streit noch so verständlich gewesen wäre.

Dagegen neigte Gerhoch zur Annahme, dass die Gültigkeit der Sakramente, nicht nur ihre Erlaubtheit, von der Motivation und Disposition der Spender abhänge.[101] Das wäre, wörtlich genommen, der Fall gewesen, wenn keine Sicherungen eingebaut worden wären. Es wäre theologisch nicht mehr und nicht weniger als der altchristliche Donatismus gewesen, nämlich blanke Häresie. Gerhoch hatte vom Bischof Kuno von Regensburg die uralte Pfarre Cham aus dem 8. Jahrhundert übertragen bekommen (777), gleichzeitig mit der Benediktinerabtei Kremsmünster gestiftet und gegründet. Aber seine Strenge, verbunden mit »donatistischen« Anwandlungen oder dem, was als »Häresie« angesehen wurde, erklärt die Tatsache, dass er Cham wieder aufgeben musste, um am Inn bzw. in Salzburg beim sel. Erzbischof Konrad I. von Abensberg († 1147) Zuflucht und seine entsprechende Aufgabe zu finden.[102] Durch sein

---

101 Erich Meuthen, Art. »Gerhoch von Reichersberg«, in: LexMA 4 (1989), 1320–1322, 1320.

102 Ein Landtag in Regensburg unter dem Herzog Heinrich dem Stolzen machte 1130 Gerhoch wegen »donatistischer Häresie« Schwierigkeiten und wird deshalb 1131 von Papst Innozenz II. († 1143) nach Rom zur Überprüfung der Anklage zitiert, um über die Gültigkeit der Sakramente von Schismatikern zu sprechen und ihn bald darauf Konrad I. von Abensberg († 1147), dem Erzbischof von Salzburg, zu empfehlen. Wolfgang Jungschaffer, »Gerhoch von Reichersberg und seine Zeit (1132 bis

schroffes Wesen, auch das seiner Theologie, konnte er sich weniger Erfolge erfreuen, als er es verdiente und es die Kirche benötigt hätte. Aber in Reichersberg am Inn zwischen Salzburg und Passau bot man ihm die Gelegenheit, wie schon erwähnt, sich und sein Charisma vergleichsweise gut zu entfalten.

Gerhoch reiste wiederholt zum Heiligen Stuhl nach Rom, um seine inkriminierte Theologie und sonstige Probleme der Priesterreform vorzutragen. Er berichtete auch dem Papst Innozenz II. († 1143), dessen Kandidatur für den Stuhl Petri der hl. Bernhard gegenüber Anaklet, dem sog. »Papst aus dem Ghetto« († 1138), verteidigt hatte, seine vermeintlichen »Donatismus«-Probleme.

Der Papst unterstützte die theologischen Ansichten Gerhochs jedoch, obwohl z. B. dessen Gesinnungsgenosse Bernhard Clairvaux in seiner Hoheliedpredigt[103] die Katharer notgedrungen kritisierte: Sie hätten den Bischöfen wegen eines ungeistlichen Lebenswandels den Gehorsam aufkündigt; sie hätten deren Lebensführung nicht gebilligt und offensichtliches Ärgernis der Gläubigen festgestellt: Denn »selbst Kaiphas sei ›Bischof‹ gewesen: Diesem hätte auch der Herr in der Passion wegen seines hohen Amtes Ehrfurcht erwiesen,«[104] schreibt er in seinen Predigten zum Hohen Lied, in dem er unter anderem an die Kölner Katharer seines Freundes, des Prämonstratenser-Propstes Everwin von Steinfeld († 1151/53), dachte.

---

1169)«, in: 900 Jahre Augustiner Chorherrenstift Reichersberg, Fs., aaO, 43–68, 46.

103 Bernhard von Clairvaux, SC 66, 1–14, 11, in: Werke 6 (1994), 371–391.

104 Die Hohenliedpredigten Bernhards in Zusammenarbeit mit Propst Everwin von Steinfeld bei Köln: SC 66, 1–14, 11 ff., in: Werke 6 (1995), 370–391; »Donatismus«, 384–388.

Gerhoch von Reichersberg traf Bernhard noch einmal in Bamberg im März 1135 bei einem Hoftag zur Disputation über die Sakramente.[105]

Herrschafts- und Landesgrenzen waren damals bekanntlich nicht streng territorial gezogen, damals noch nicht in erster Linie staatspolitisch wie in späteren Jahrhunderten. Das Innviertel wurde überhaupt erst in neuerster Zeit nach dem Frieden von Teschen (1779) und durch den Wiener Kongress (1815) »österreichisch«. Im Übrigen wurde Reichersberg auch »hochstiftlich« ein salzburgisches Einzugsgebiet am Rande einer bayerischen »Gerechtsame«. Denn diese Art von Stiftung lag auf der Linie der Erzbischöfe Gebhard (†1088) und Konrad I. von Abensberg (†1147), ihrer Reformvorstellungen, ihrer Wertschätzung für die »regulierten« Kanoniker und in der großen Tradition kirchlich gesinnter Freigebigkeit, der wir heute noch unbegrenzten Respekt zu zollen vermögen.

105 Jean de la Croix Bouton, ed., Bernard, aaO, 266, Anm 22: Gerhoch von Reichersberg forderte eine strikte Anwendung der Kanonikerregel des hl. Augustin, aaO, 266 und 702.

# XIV.

(30) An Gerhochs Kanonikerspiritualität, wie er sie in Rottenbuch an der Ammer (im Bistum Augsburg) erfreulich erleben durfte, musste er, generell gesehen, scheitern, aber in Reichersberg konnte er dieses Ideal seiner Jugend im Sinne der *vita communis* verwirklichen und auch als Modell für das Hochstift Salzburg weitergeben. Dort gab es, rings um das *Sacrum Imperium*, aufgeschlossenere Hirten, die, des Streits allerdings müde geworden, lieber als reformfreudige Bischöfe, denn als »Sieger« in die Geschichte eingehen wollten. Außerdem musste sich diese Generation wiederholt an den Glaubensartikel aus dem *Credo* erinnern: »ER sitzet zur Rechten des Vaters, von dannen ER kommen wird, zu richten die Lebenden und die Toten.«

Der französische Bernhard-Biograph Jean de la Croix Bouton schilderte Gerhoch, den Propst von Reichersberg, noch ganz wie einen der mittelalterlichen »Bänkelsänger«, die einen tournierenden Ritter gern nach ihrem Gusto priesen oder verschmähten, wenn nicht gar als Fiktion erfanden. Der fiktive Ritter hatte seinen Mitstreitern Bravour abverlangt (*Compagnons de lutte*), was sowohl die guten Sitten als auch die »Manieren«, das »G'hörtsi« und die Moral des Klerus betraf:[106] »*La guerre contre les vices:*«[107] hieß es kategorisch. So

106 Jean de la Croix Bouton (Ed.), Bernard de Clairvaux, Paris 1953, 268–271, 271–274.

107 Sodomie: Bernhards Allerheiligenpredigt (»*Ad clericos de conversione*«) in Paris: in: Werke 4 (1993), 148–243, 234–237. »...

romantisch hatte sich bei seiner Ritter-Schelte nicht einmal der hl. Bernhard in seiner »Templerschrift« (um 1130) ausgedrückt, seiner frühen Abhandlung über die Kreuzritter seiner Zeit und seiner Verwandten.

(31) Bernd-Ulrich Hergemöller (Münster/Westfalen), der Verfasser eines sehr eingehenden Artikels zum Thema »Homosexualität im Mittelalter«, zitierte merkwürdigerweise Bernhards Pariser Predigt, Allerheiligen 1140, überhaupt nicht. Entweder kannte er sie nicht, oder er hielt Bernhard nicht für einen zünftigen Volksprediger in seinem Sinn, sondern schlicht und einfach für einen Bibelkenner: z. B. von Gen 19,1–19 und Röm 1,26 u.a. Danach war es wohl nicht angemessen, ihn für einen »Dämonisierer« oder »Kriminalisierer« der Homosexualität abzustempeln.[108]

---

abstinentes remedio nuptiali...« Es sei »besser zu heiraten als zu brennen:« aaO, 236 f. »La guerre contre les vices:«, Jean de la Croix Bouton Bernard (Ed.), aaO, 271–274. »Die zunehmende Dämonisierung und Kriminalisierung der Homosexualität wurde (angeblich) unterstützt durch Volksprediger wie »Berthold von Regensburg u.a.«: Bernd-Ulrich Hergemöller aus Münster /Westfalen, Art. »Homosexualität«, in: LexMA 5 (1991), 113–114.

Die vermeintliche sog. »Kriminalisierung« dieser Bereiche im Mittelalter mag auch stimmen, aber das Phänomen der Moralpredigt für jemanden, der Paulusbriefe (z. B. Röm 1, 26 u.a.) und Kirchenväter lesen konnte, scheint naheliegender. Dabei darf der Beichtstuhl nicht mit dem weltlichen Gerichtssaal gleichgestellt werden. Denn die Väter des Laterankonzils (1179) hatten unter Alexander III. († 1181) ohnedies beschlossen, Kleriker zu degradieren, die sich »sodomistisch« betätigten. Diese Maßnahme war zunächst eher disziplinär im Interesse eines Berufsstandes gedacht, denn als »Verbrechen«, auf dem Leibesstrafen verhängt würden.

108 Bernhard von Clairvaux, *Liber ad milites templi. De laude novae militiae,* in: Werke 1 (1990), 268–285.

Der Kampf gegen die klerikalen Laster des Hochmuts, der Sinnlichkeit, der sexuellen Perversität und der Habsucht konnte allerdings nach Bernhards Ansicht nur durch ein »geregeltes Leben«, das heißt, durch die »*regularisation des clercs*«[109] gewonnen werden.

In Bernhards Pariser Allerheiligenpredigt (Par. 34) sollte die Vision des Propheten Ezechiel über den abscheulichsten Götzendienst (Ezechiel 8,5–13) abschrecken. Dort wird der Prophet in ein Heiligtum geführt, wo sich Priester hinter einer Wand abschirmten, um auf die verschiedensten Weisen der abscheulichen Unzucht und des Götzendienstes zu frönen: »*Post fornicationes, post adulteria, post incestus, ne ipsae quidem apud aliquos ignominiae passiones et turpidudinis opera desunt.*« Das alles trieben sie nach Ezechiel, indem sie fleißig das Weihrauchfass zur Verehrung der Götzenbilder schwangen.[110] Der Prediger nimmt sich die Freiheit heraus, die Prophetenstelle auf die Sünden des Fleisches anzuwenden, deren sich die Priester schuldig machten: »Wenn man nur nicht glauben müsste, dass das menschliche Trachten zu solch abscheulicher Begierde absinken könne: »*tam abominanda cupido*«. (Par. 34)[111]

Manche Biografen Gerhochs hinterlassen den Eindruck, dass sie lieber Skandalgeschichten als Erfolgsmeldungen hörten. Sie hinterlassen den Eindruck, als beschäftigten sie sich am liebsten mit den »*mores*« der

---

D. Godefroy Madelaine, Histoire de saint Norbert, Paris 1886, 122, zit. in: Jean de la Croix Bouton (Ed.): »*La guerre contre les vices*«: in: Bernard de Clairvaux, Paris 1953, 271.

109 Jean de la Croix Bouton (Ed.), Bernard de Clairvaux, La regulation des clercs, aaO, 274–282.

110 Bernhard von Clairvaux, Ad clericos de conversione, in: Werke 4 (1993), Par. 34, 232–234.

111 Bernhard von Clairvaux, Epiphonema von Par. 34, ebd. . »Haltet euch rein, denn ihr tragt die Geräte des Herrn.« (Jes 52, 11)

Geistlichen. Das müssten sie auch ganz gern mit dem Fall Reichersberg tun.[112] Trotzdem sollte Reichersberg als ein glücklicher Ausnahmefall betrachtet werden. Das gute Beispiel seiner »Kanonie« machte ihn berühmt und von Salzburg und Bamberg bis nach Rom bekannt. Er wurde in Rom als Helfer in der Not genauso geschätzt wie im Salzburg des sel. Konrad I. von Abensberg († 1147). Denn Gerhochs Laufbahn war, wie gesagt, von der Propstei Reichersberg und seiner Berater-Tätigkeit in Salzburg abgesehen, zunächst nicht von übermäßigem Erfolg gekrönt. Papst Innozenz II. († 1143) hatte unter anderem auch deshalb Gerhoch zum »Rapport« gerufen, weil er die damalige konfessionsbedingte Streitfrage von der gültigen oder ungültigen Spendung der Sakramente durch »Schismatiker« und heterodoxe Kleriker genau überprüfen wollte. Öffentliches Ärgernis sollte nämlich unter allen Umständen vermieden werden.[113]

112 Der Münchner Historiker Wilhelm Störner, Gründungs- und Frühgeschichte des Stifts Reichersberg am Inn, in: 900 Jahre, Fs., aaO, 23–42, 28 ff. schildert die dramatischen Zustände bei der Erstbesiedlung von Reichersberg durch Augustiner Kanoniker eindrucksvoll, ein Kommen und Gehen zwischen Salzburg und Passau, bis Ordnung, Stabilität und klösterliche Normalität einkehrte.

113 Innozenz II. († 1143) berief Gerhoch zu sich, d.h. zur Überprüfung seiner theologischen Ansichten: Wolfgang Jungschaffer, Kapitel »Gerhoch von Reichersberg und seine Zeit (1132 bis 1169)«, in: 900 Jahre Augustiner Chorherrenstift Reichersberg, Fs., Linz 1983, 43–68, 46 und 60–68: Sakramentenlehre.

## XV.

(32) Bernhard müsste so auch durch Papst Innozenz II. (†1143) bestens über Gerhoch informiert gewesen sein. Denn der Papst hatte ihn ja persönlich kennenlernen und auch konsultieren wollen. Er hatte mit Bernhard regen brieflichen Kontakt noch vor Beendigung des Schismas (1138) gehabt. Allerdings scheint in dem ganzen Briefkorpus Bernhards weder der Name Gerhoch noch die Stiftung Reichersberg auf. Immerhin ging auf den Propst Gerhoch neben den reformbewussten Erzbischöfen Gebhard und Konrad I. ein »kanonischer« Klosterfrühling des 12. Jahrhunderts zurück: Wenigstens das hochmittelalterliche Domkapitel von Salzburg war definitiv »reguliert«.

Markgraf Leopold der Heilige (†1136), Vater des sel. *Otto, des Abtes von Morimond, hierauf Bischofs von Freising* (†1158), und Vater des Erzbischofs Konrad I., machte das Chorherrenstift Klosterneuburg bei Wien (um 1113) zu seiner Sommer-Residenz, in der er auch eine standesgemäße Grablege vorgesehen war. Mit den obligatorischen Sterberiten, den Requiemmessen, den Totenoffizien und den Gedenktagen für die hochadeligen Stifter und Landesherren unterschieden sich die Augustiner Chorherren kaum wesentlich von den Gebräuchen und Riten vergleichbarer Monasterien: der Benediktiner, Zisterzienser und Kartäuser; wenn schon, dann meines Wissens nur geringfügig. Das feierliche Begräbnis der Mitglieder der mittelalterlichen Klosterstifter wurde durch die regelmäßigen Totenoffizien, Totenriten, Prozessionen und Requiemmessen bereichert. Diesbezüglich war auch für die mittelalterliche Adelsgesellschaft ein erstaunenswerter Bedarf gegeben, der bis zur Reformation des 16. Jahrhunderts ungebrochen anhielt.

Nicht nur auf den Britischen Inseln gab es damals zum Ärgernis der Reformatoren die weithin bemängelten »*chantries*«, die Stätten der sog. »Messpfaffen«. Von diesen konnte man auch auf dem »Kontinent« eher eine schöne Sängerstimme als eine ordentliche Predigt erwarten. Auch auf dem Kontinent gab es die Hauskapellen vor allem in den Bürgerhäusern der Städte und der größeren Märkte, wo regelmäßig Messen für die Verstorbenen gesungen wurden. Das war bekanntlich eine der vielen Fälle von »Verlegenheit«, mit denen das Zeitalter der Reformation zu Rande kommen musste. Mit diesem Problem hätten die Augustiner-»Eremiten« oder auch Chorherren durchaus aushelfen können, und sie haben es auch. Obendrein hatte der Orden eine große Prediger-Tradition gehabt, wie wir bereits im Falle des Johannes von Staupitz († 1524) und der Münchner Regularkanoniker, der Augustiner-Eremiten angemerkt haben. Die Münchner Staatsarchive enthalten noch beachtliche Bestände an Augustiner-Predigten, die das Zeitalter der Klosteraufhebung und Säkularisierung überdauert haben und die das enorme Predigt-Charisma der Augustiner Eremiten bezeugen.[114]

(33) Zur »Spiritualität« der Chorherren gehörte auch die prinzipielle Befähigung und auch Neigung zur

114 Vgl. die Salzburger Doktor-Dissertation des em. Internisten Dr. med. Max Dreher, Die Augustiner-Eremiten in München im Zeitalter der Reformation und des Barock, Salzburg 2001/2002. Typoskript Universitätsbibliothek (Theologische Fakultät, Universitätsplatz 1).

Pfarrseelsorge als Selbstverständlichkeit und, wie im Falle Salzburgs, die Nähe zu bischöflichen Aufgaben. Dazu kam als Besonderheit und nach Möglichkeit der organisierte Dienst an den Notleidenden, Gefährdeten und Mittellosen. So stellten Chorherren die ersten systematischen Krankenhäuser der frühen Neuzeit.[115] Der »*hospitalarius*«, der »Spitalsmeister«[116], hatte eines der wichtigsten Ämter im Kapitel inne. Die bis 1514 »regulierten« Domkanoniker von Salzburg z. B. führten ein relativ großes Krankenhaus bei St. Johann in der Kaigasse/Kapitelgasse unweit des Domes. Sie gründeten auch ein weiteres für die Salzburger Bürger am Neutor bei der heutigen Stadtpfarrkirche St. Blasien. In London betreuten in ähnlicher Weise die »*Canons*« zwei noch heute bestehende Traditionskrankenhäuser: Saint Bartholemew's und Saint Thomas's.[117] Das war die »Hospitalität«, welche die Chorherren vor allem auch in den Alpenpässen Hochburgunds pflegten, nicht ohne mit einer gewissen Romantik tollkühner Rettungsaktionen berühmt zu werden. Man denke nur an das sprichwörtliche »Hospiz des Großen St. Bernhard« zwischen Sitten und Aostatal mit seinen bis heute noch bekannten »Bernhardiner«-Hunden, dressiert als Such- und Rettungstiere in schwierigem und gefährlichem Gelände. Immerhin setzten auch die »Kanoniker« die altchristliche Tradition der »Liebestätigkeit« fort – für »Arme,

115 Organisierte Krankenhäuser: Uta Lindgren (Bayreuth), Art. »Hospital«, in: LexMA 5 (1991), 133–137.

116 Gerhard B. Winkler, Waltraut Krassnig, Katharina Brandes, Die ehemaligen Stifte der Augustiner-Chorherren in Österreich und Südtirol, hrgb. Floridus Röhrig, Klosterneuburg 2005, Kapitel »Salzburg« (1122–1514), 329–356.

117 F. L. Cross, The Oxford Dictionary, Art. »Augustinian Canons«, aaO, 109.

Kranke und Reisende«[118], auch wenn sie nicht so spektakulär wie in den Alpen geübt wurde.

In Salzburg wurden die adeligen Herren des Domkapitels standesgemäß von vier Dienern versorgt, zwei für den privaten Bedarf und zwei für den Tischdienst im gemeinsamen Refektorium. Auch das Dormitorium war gemeinsam, wie in den entsprechenden Adelsburgen und Schlössern. Einen eigenen Privathaushalt durften und konnten sie ja nicht führen. Sie bekamen auch nicht die üblichen Einkünfte aus Kirchenpfründen, nur ein Taschengeld von 200 Gulden pro Jahr.[119] So waren sie zur *vita communis* gehalten, durch die sich auch für viele die Residenzpflicht als beschwerliche Last ergab.

Die Salzburger Synoden von 1569, 1573 und 1576 sollten ihnen auch ausnahmslos die Pfründenkumulation untersagen, auf Präsenz bestehen und das Vikarwesen einschränken: vor allem im Lungau, wo traditionell viele Pfarreien dem Domkapitel einverleibt waren. Das wollten die reformfreudigen Salzburger Synodalen des 16. Jahrhunderts, obwohl es nach dem Kardinal Matthäus Lang von Wellenburg (†1540) seit zwei Generationen keinen »Religiosen«-Status unter den Salzburger Kanonikern mehr gab.[120] Die Synodalen (von 1569 bis 1576) allerdings ließen sich jetzt auch nicht mehr erweichen, als die neue Kanoniker-Kurie den als Kompromiss gedachten Vorschlag machte, die einzelnen Chorherren würde sich verpflichten, wenigstens einmal im Monat in ihren Lungauer Pfarreien präsent zu sein. Es wurde das Modell der

118 Ulrich Köpf, Bildung in Regel und Wirken der Regularkanoniker, aaO, 53–82, 69.

119 Gerhard B. Winkler, Kapitel »Salzburg«, in: Die ehemaligen Stifte der Augustiner-Chorherren in Österreich und Südtirol, hrgb. Floridus Röhrig, Klosterneuburg 2005, 332 f.

120 Gerhard B. Winkler, Die nachtridentinischen Synoden im Reich, aaO, 134–141.

pfarrfreudigen Kanoniker abgelehnt, das besagte, dass der entsprechende Domherr die Einkünfte aus der inkorporierten Pfarrei mit dem Vikar großzügig teilen müsse.[121]

Erzbischof Konrad I. von Abensberg (†1147) hatte auch schon ein an die spätere Franziskanerkirche anstoßendes Kloster für Chorfrauen bzw. Kanonissen eingerichtet. Dies geschah eher nach dem Vorbild z. B. der altehrwürdigen norddeutschen Damenstifte wie Essen, Gandersheim, Quedlingburg[122] und anderen Klöstern, sodass bis zum heutigen Tag bei Einheimischen der Platz auch »Frauenplatz« genannt wird. Das Stift wurde durch Erzbischof Burckhard I. von Weißpriach wieder (1462) aufgelöst.[123] Es scheint, dass sich wahrscheinlich im Ins-

---

121 »Kanonikerfrage« in der Debatte der Salzburger Provinzialsynoden von 1569–1576, in: Gerhard B. Winkler, Die nachtridentinischen Synoden im Reich. Salzburger Provinzialsynoden (1569, 1573, 1576), Wien etc. 1988, 134–141; 167–173, 192–195: In der Konzilsdebatte wurde die Pfründenkumulation für Domherrn strikt abgelehnt. Die Synodalen hielten die mangelnde Sesshaftigkeit des höheren Klerus für ein Grundübel. Unregelmäßige pastorale Betreuung und die Entfremdung des kirchlichen Stiftungsgutes bedingten einander. Diese Missstände sollten durch die Provinzialdekrete von Salzburg (1576) als »Gravamina« abgeschafft werden.
Gerhard B. Winkler, Kapitel, in: Die ehemaligen Stifte der Augustiner Chorherren in Österreich, Kapitel »Inkorporierte Pfarren«, aaO, 345 f.

122 Ulrich Köpf, Bildung im Leben und Wirken der Regularkanoniker, in: Studien zum Bildungswesen der bayerischen Augustiner-Chorherren im Mittelalter und früher Neuzeit, hrgb. Gert Melville und Alois Schmid, Paring 2008, 53–82, 53: Der Autor bedauert eingangs den vergleichsweise geringeren Aufwand des Studiums der Kanonissen gegenüber den Kanonikern, obwohl die Frauen für Erziehung und Bildung mindestens so viel geleistet hätten wie die »Herren«.

123 Gerhard B. Winkler, Kapitel »Salzburg«, in: Die ehemaligen Stifte der Augustiner-Chorherren in Österreich und Südtirol, hrgb. Floridus Röhrig, Klosterneuburg 2005, 333.

titut der Chorfrauen und neben den ehrwürdigen bis auf den hl. Rupert (†716) zurückgehenden Benediktinerinnen auf dem Salzburger »Nonnberg« die Ideen der frühen Armutsbewegung vom »Doppelkloster«, wie sie ein Robert von Arbrissel (†1117) förderte, lebendig gehalten hatte.[124]

124 Robert von Arbrissel: Stephan Hilpisch (Fulda), Art. »Robert von Arbrissel«, in: LThK 8 (1963), 1335 f.

# XVI.

(33) Besonders im 13. Jahrhundert wurden auch die Gründer der Mendikanten (Bettelorden) von der Idee der Augustiner Chorherren berührt und durch das kirchenkritische und sakramentsfeindliche Katharertum zu effektiveren Seelsorgemethoden gezwungen: Der Kastilianer Dominikus, wohl aus der Guzman Dynastie (†1221), zunächst bereits ein reformierter Augustiner Chorherr in Osma, begriff die pastorale Maßnahme, dass die Missionsarbeit an den Albigensern an Ort und Stelle durch ständige Präsenz der Missionare als »gute Hirten« Erfolg haben konnte und musste. Der hl. Francesco von Assisi (†1226) entwaffnete durch seine strahlende Armuts-Pastoral mit seinem ans Südfranzösisch-Albigensische erinnernden Namen, den sein Vater von einer Geschäftsreise aus der Provence mitgebracht hatte. Dieses Ideal sollte überaus segensreich sogar über das Zeitalter der Säkularisation hinaus gerettet werden. Ja, die Chorherren wurden von den Idealen, der pastoralen Effizienz und dem Zeugnischarakter der Mendikanten derart gefesselt, dass man schon zu Lebzeiten des hl. Bernhard diese Lebensform als die sog. »Augustiner-Eremiten« kannte. Ihre »Spiritualität« wurde hierauf von einer Fülle von »modernen« Missionskongregationen und Missionsorden mehr oder weniger übernommen und weiter gepflegt. Um nur einige aus der Fülle *illustrationis causa* herauszugreifen: Die Gesellschaft Jesu des hl. Ignatius von Loyola (†1556) etwa, die Oratorianer des hl. Philipp Neri (†1595), die Vinzentiner

des hl. Vinzenz von Paul (†1660), die Salesianer des hl. Johannes Bosco (†1888) und *last, but not least* das *Opus Dei* des hl. Josémaria Escrivá (†1975).

Durch weltweite apostolische Erfolge waren die Jesuiten gesegnet. Aber ihre Mitglieder mussten auch die radikalsten Schläge und Einbußen aller »kanonischen« Pastoral- und Missionsorden im Zeitalter der europäischen Aufklärung (von 1763 bis 1815) erdulden. Alles das geschah im verlogenen Zeichen der europäischen »Humanität« und Menschenformung, bis sich nach dem Wiener Kongress (1815) die katholischen Mächte wieder eines Besseren besannen, die verbannten Mitglieder der Gesellschaft teilweise wieder duldeten und wirken ließen. Der »aufgeklärte« preußische König und der orthodoxe russische Zar hatten bekanntlich den gebildeten und wohl geschulten Mitgliedern der »Gesellschaft Jesu« in christlicher Paradoxie Asyl gewährt.

(34) Das Beispiel Jesu in seiner Beziehung zu seinem göttlichen Vater, wie sie die Evangelisten schildern (z. B. in Mt 14,23, Mk 6,46, Joh 6,16 ff.), musste von Anfang an in der Christenheit Nachahmer gefunden haben. Danach hatte der Herr nach dem Andrang der großen Menschenmengen ganze Nächte hindurch gebetet. Das war *vita contemplativa* in reinster Form und wurde für alle Zeiten vorbildhaft. Das allein mag dem Kritiker, der auf »Charisma und Spiritualität« besteht, vielleicht nicht genügen. Aber was mag »christlicher« und menschlicher sein, als das Bedürfnis des »Sohnes«, mit dem Vater Zwiesprache zu halten. Oder muss man das schon unter dem Begriff der »Spiritualität« führen, wenn z. B. Mann oder Frau gerne gemeinsam beten? Jesus wollte sicher seinen Jüngern ein Beispiel geben: Ihr Apostolat sei zwar gut, erforderlich und unverzichtbar,

aber es bedürfe beständig der geistlichen Energien, um nicht die Substanz der Verkündigung zum Erliegen zu bringen: Je anstrengender die *actio* der apostolischen und karitativen Berufungen sei, desto intensiver müsste jeweils die echte *contemplatio* gepflegt werden. Seine Freuden, seine Sorgen, sein Leid, Vergangenheit und Zukunft musste der Herr seinem »Vater« vortragen. Das wurde zur *regula fidei*, der Glaubensregel, auch für alle künftigen apostolischen Berufungen, für die Prediger, für alle geistlichen Hirten, für die karitativ wirkenden »Charismatiker«, Brüder und Schwestern, und für alle diakonisch »Begabten«.

So wurde die kontemplativ motivierte »Flucht« in die Einsamkeit, d. h. primär in die Anbetung des Vaters, beinahe zu einer Selbstverständlichkeit. Sie erlangte in diesen Berufungen nicht nur für das geistliche Leben Gewicht, vielmehr entschied sie über ihre heitere Gelassenheit und das existentielle Überleben überhaupt.

(35) Hier darf man sich an das *Dictum* der sel. Theresia von Kalkutta (1910–1997) erinnern, der Nobelpreisträgerin: Als ihre Schwestern einmal wegen der ungewöhnlichen Arbeitslast des Tages stöhnten und deshalb von Gebeten dispensiert sein wollten, um etwas auszuspannen, da soll sie gesagt haben: »Heute braucht ihr erst recht die Stille vor dem Tabernakel. Denn ihr habt fast Unmenschliches geleistet, als euch die Arbeit an den Ärmsten der Armen aus der Gosse so sehr erschöpfte.«[125] Sie formte ihre Auffassung von der Notwendigkeit des

---

125 Die sel. Theresa von Kalkutta († 1997), stammte aus einer albanischen Familie Mazedoniens. Nach einer Lehrtätigkeit als Ordensfrau in Indien an einer höheren Mädchenschule wandte sie sich ganz den Ärmsten der Armen in Kalkutta zu. Diese sollten angesichts des Sterbens nicht ohne Zuwendung und Liebe bleiben.

Gebetslebens in folgende bekannte Zeilen: »Das Gebet ist eine Übung der Freundschaft: Sie besteht im häufigeren Alleinsein mit IHM, von dem wir uns geliebt wissen und der unsere Last mitträgt.«

(36) In der kontemplativen Neigung darf man m. E. sogar auch einen besonderen Indikator für Ernst und Tiefe des Apostolats und die Qualität apostolischer »Spiritualität« erkennen. Diese wäre demnach ein Kennzeichen des wahren Charismas und ein Zeichen seiner Echtheit. Das gelte nicht nur für exklusiv »kontemplative« Mönche: Der Grad und die Weise der »Kontemplation« verraten die Befähigung sogar zu höchsten Aufgaben und Leistungen, so dass auch diese angemessen und demütig erfüllt werden können. Denn in der täglich erforderten Geschäftigkeit, der *»actio«*, müsse zumindest der Versuch gemacht werden, sie »betend« durch die »gute Meinung« zu intensivieren und zu »verklären«.

Das zu zeigen sollte z. B. der Zweck von Bernhards Traktat (*De consideratione*) für den »geschäftigen« ehemaligen Schüler Papst Eugen III. (†1153) sein.[126] Für diesen »Gang in die Wüste«, für die Suche nach der Einsamkeit mit vorläufig vermeintlicher »Untätigkeit« und mystischer Gotteserfahrung könnte auch der Apostel Paulus auf dem Weg nach Damaskus (Apg 9,1–19) immer wieder angeführt werden:

»Ich ging auch nicht hinauf nach Jerusalem zu denen, die schon vor mir Apostel waren. Ich zog (vielmehr) weg nach Arabien und kehrte dann wieder nach Damaskus zurück.« (Gal 1,17) – »Und der Herr, der zum Men-

126 Bernhard von Clairvaux, *De consideratione ad Eugenium Papam*, in: Werke 1 (1990), hrgb. Gerhard B. Winkler, Innsbruck 1990, 627–841. »*Conquestio super occupationibus eius…De periculis nimiae occupationis*«, aaO, 628–643, 628.

schen im Säuseln des Windes wie im Sturme des Orkans sprach, hatte geheimnisvolle Worte für Paulus...«:[127] »Ich kenne einen ... Der wurde vor 14 Jahren – ob im Leibe oder außerhalb ..., ich weiß es nicht, Gott weiß es – bis in den dritten Himmel entrückt. Von diesem Mann weiß ich, dass er – ob im Leibe oder außerhalb des Leibes, ich weiß es nicht, Gott weiß es –, in das Paradies entrückt wurde und unsagbare Worte hörte, die ein Mensch überhaupt nicht aussprechen kann.« (2 Kor 12,1 ff.)

127 »Arabien«, Einsamkeit und Gottes Begegnung. Otto Hophan, Die Apostel, Luzern 1955, 307–310, 307.

# XVII.

(37) Den österreichischen Ordensleuten mit ihrer reichen »Stifts«- Landschaft sagte man in »kirchlichen«, vor allem in betont anspruchsvollen Kreisen, schon von jeher mangelnde Begabung für die Innerlichkeit nach bzw. ein »Defizit« an kontemplativem Geist. Man traute diesem Volk von neuen »Phäaken« weder Philosophie noch Mystik zu. Man sprach daher nicht so sehr von »Klöstern«, Abteien, Monasterien oder gar von Einsiedeleien und Eremitagen, schon lieber einfach von »Stiften«.

Diese Terminologie ist vom gesamtdeutschen »Dom- oder Hochstift« zu unterscheiden, mit dessen gemeinsprachlicher Bedeutung sich auch Ulrich Köpf[128], der Tübinger Reformationshistoriker, Mediävist und Theologe, dankenswerterweise gründlich auseinandergesetzt hat. Denn der Begriff könnte als bloß Esoterisches und Provinzielles einer lokalen Sondersprache katholischer Kreise aufgefasst werden. Das mag nebenbei erklären, warum auch einschlägige Nachschlagewerke wie z. B. das »Lexikon für Theologie und Kirche« (LThK), »Reli-

---

128 Ulrich Köpf, Bildung im Leben und Wirken der Regularkanoniker, in: Studien zum Bildungswesen der bayerischen Augustiner – Chorherren im Mittelalter und der frühen Neuzeit, hrgb. Gert Melville und Alois Schmid, Paring 2008, 53–82, 55 f.
Manfred Groten, Art. »Hochstift«: »Materielle Ausstattung«, »weltliche Herrschaft« und »geistliche Fürsten«, in: LThK 5 (1996), 191.
N. N., Art. »Hochstift«, in: Brockhaus 8 (1969), 567: auch »Abteien«, »Domkapitel«.

gion in Geschichte und Gegenwart« (RGG) und das »Lexikon des Mittelalters« (LexMA) diesem Begriff kaum mehr als einige Zeilen gewidmet haben.

Wenn ein öffentlich gesponsertes Forschungsinstitut in Frankfurt am Main für Goethe-Texte als »Hochstift« geführt wird[129], so mag das als lehrreiche Kuriosität eines typischen »Neologismus« Aufmerksamkeit verdienen. Dieses hat aber kaum etwas mit der Begriffsgeschichte der »Fürstbistümer« oder der »gefürsteten Abteien« der frühen Neuzeit zu tun. Insgesamt wird man *sine ira et studio* sagen können, dass sich dieser Begriff nicht ohne »Grundherrschaft«, repräsentative Ausstattung, »pontifikale« Liturgie, politische Repräsentation und Bedeutung gebildet hat.[130] »Hochstift« wird, wie gesagt, im weiteren deutschen Sprachraum nicht nur für einen Bischofssitz verwendet, sondern auch für reichsfreie und gefürstete Abteien.

(38) Österreichische Klosterprälaten waren allerdings reichsrechtlich keine »Fürsten«, wenigstens nicht im Normalfall; daher nannte man z. B. ehrwürdige Abteien wie Kremsmünster, Melk, Göttweig, St. Paul im Lavanttal und die Erzabtei St. Peter in Salzburg m. W. niemals »Hochstifte«. Gleichwohl besaßen die hiesigen »Prälaten« der Stifte allgemein bis zum Ende des Ersten Weltkrieges (1918) Sitz und Stimme in den jeweili-

129 »Stifte«: Ulrich Köpf, Bildung im Leben und Wirken der Regularkanoniker, in: Studien zum Bildungswesen der bayerischen Augustiner – Chorherren im MA und der frühen Neuzeit., ebd.

130 Friedrich Kluge, Etymologisches Wörterbuch der deutschen Sprache, hrgb. Walther Mitzka, Art. »Stift« Berlin 1960, 750: Dieses Stichwort ist im frühen Althochdeutschen noch nicht geläufig, allerdings wird es das schon im kirchlichen Frühmittelalter.

gen lokalen Landtagen: Sie standen zwar einem »Stift« im Sinne von »Stiftung« vor. »Stift« war sowohl ein juridischer als auch ein gesellschaftlicher und ökonomisch bedeutsamer Begriff – von immerhin staatspolitischer Nebenbedeutung. Die österreichischen »Stifte« pflegten sich deshalb durch besondere Loyalität gegenüber der landesherrlichen Dynastie auszuzeichnen. Für das Gesagte sei ein Beispiel gestattet: Das »Untergymnasium« in Wilhering wurde von Abt Theobald Grasmück 1895 nicht durch Kapitelbeschluss oder kraft äbtlicher Weisheit eingerichtet, vielmehr auf den angeblich persönlichen Wunsch des Kaisers. So lautet zumindest die mündliche Mär und Haustradition des Stiftes.[131]

Es scheint, dass im 17. Jahrhundert der vollständige Sieg der Reformation in den österreichischen Erb- und Kronlanden u.a. durch die Wirksamkeit des wieder überzeugt katholischen Prälatenstandes in den Landtagen verhindert wurde.[132] Das war zumindest die bemerkenswerte These von Peter Gradauer (†1991).[133] Um 1600 bleibt m. E. die kirchenpolitische Entwicklung und Wende der habsburgischen Kron- und Erbländer und die Rettung des Katholizismus in Österreich fast ein Rätsel, wenigstens, was das volle Geflecht der historischen Ursachen anlangt.

131 Reinhold Dessl, Stift Wilhering in Oberösterreich, in: Zisterzienser in Österreich, hrgb. Ludwig Keplinger, Salzburg 2004, 87–94, 91 f.

132 Vgl. Gerhard B. Winkler, Die Pfarren des Stiftes Wilhering. Rechtsgeschichtliche Entwicklung eines inkorporierten Seelsorgesprengels, Linz 2014, aaO, 7: zu Peter Gradauers These von der Rolle der »Stifte« bei der »Katholischen Reform« und Rekatholisierung der Habsburger Erb- und Kronlande: Ebd. in »Vorwort und Einleitung«.

133 Gerhard B. Winkler, Die Pfarren des Stiftes Wilhering, aaO, 7. (»Vorwort und Einleitung«).

(39) Als der hl. Virgil von Salzburg (der Ire »Fergal«, †784), der Zeitgenosse des hl. Bonifatius (†754), das Bischofsamt im bajuwarischen Salzburg übernehmen sollte, hatten ihm seine nordfranzösischen Granden geistlichen und weltlichen Standes in der fränkischen Residenz von Quiercy (746) unter dem Hausmeier Pippin III., dem späteren König der Franken (†768)[134], dringend geraten, im neuen Kirchensprengel möglichst zahlreiche »Eigenkirchen« mit bischöflichem »Grund und Boden« zu erwerben. Denn nur auf dieser Basis habe der Missionar als Bischof die Möglichkeit, ein nötiges Weisungsrecht des Guten Hirten auszuüben, seinen oberhirtlichen Pflichten angemessen nachzukommen und in der Lage zu sein, »pastorale« Maßnahmen ungestört vorzunehmen.[135] So gelang es, Virgil nach dem späteren Verzeichnis der *Notitia Arnonis* 67 bischöfliche Eigenkirchen als Pfarreien zu »stiften«.[136] Allerdings wird es jetzt niemandem mehr einfallen, diese Kirchen im heutigen Salzburger Grenzland (d.h., im »Salzachbogen« des Bistums Freising) als »Stifte« im eigentlichen Sinn zu bezeichnen.

---

134 Friedrich Prinz, Art. »Virgil«, in: LexMA 8 (1997), 1711 f.

135 Virgil von Salzburg: 67 bischöfliche Eigenkirchen als Urpfarreien, hauptsächlich im später bayerischen Salzachbogen nach dem Güterverzeichnis der *Notitia Arnonis*, »das Virgils Nachfolger Erzbischof Arn nach dem Sturz des Bayernherzogs Tassilo III. im Jahre 788 zusammenstellen ließ«. Zur frühen Salzburger Missionsgeschichte vgl. die »Eigenkloster- Eigenpfarrpolitik«: Franz Ortner, Salzburger Kirchengeschichte. Von den Anfängen bis zur Gegenwart, Salzburg 1988, 20. Ders., Salzburgs Bischöfe in der Geschichte des Landes (696–2005), Frankfurt am Main etc. 2005, »Wissenschaft und Religion«, Bd. 12, 40 ff., 44 (67 bischöfliche »Eigenkirchen«).

136 Franz Ortner, Salzburger Kirchengeschichte, aaO, 19 f. Herwig Wolfram, Die Zeit der Agilolfinger – Rupert und Virgil, in: Geschichte Salzburgs, Bd. I, I. Teil, hrgb. Heinz Dopsch, Salzburg 1981, 155 ff.

# XVIII.

(40) Als der Verfasser dieser Zeilen als »Wissenschaftlicher Assistent« (1969–1972) an der Ruhruniversität Bochum verpflichtet war und im Studienkolleg der Diözese Essen auf dem Kalwes (mit Blick auf das Ruhrtal, nach Witten und den Hochöfen von Hattingen) gastliche Aufnahme fand, wollte ihn der Seminarregens, ein wohlgesinnter Sauerländer und Seminarvorsteher, etwas jovial mit einer ein wenig sarkastischen Bemerkung herausfordern: »Du bist ja gar kein Mönch, Gerhard, wenn schon, dann vielleicht ein ›Stiftsherr‹.« So konnte ich bereits in jüngeren Jahren lernen, dass gesamt- und hochdeutsch »*Monasterium*« und »Stift« nicht identisch sind und auch kirchlich verschieden gewertet werden.

Denn in »Österreich«, mit seinem »Klösterreich«, sollten die Abteien »Stifte« auch im Munde von Asketen, Synodal- und Konzilsvätern nicht unbedingt abfällig, wohl aber immerhin mit einigen Reserven verstanden werden.[137]

Daher ist es m. E. Professor Ulrich Köpf zu danken, dass er die Begriffe »Hoch- und Domstift« wiederholt ins gelehrte Gespräch gebracht hat, auch im Sinn einer »juridischen Person«, einer »Stiftung« mit klarer geistlicher Zielsetzung, kultureller Tradition und eben vermögensrechtlicher Absicherung.[138] Wer demnach z. B.

---

137 Gerhard B. Winkler, Die nachtridentinischen Synoden im Reich (1569, 1573, 1576), Wien etc. 1988, 207.

138 Ulrich Köpf, Regularkanoniker, Bildung im Leben und Wirken, aaO, 53–82, 55–57.

die Augustiner Chorherrenklöster als Chorherrenstifte bezeichnet, betont zumindest beiläufig, dass es sich hier um Übertragung und Trägerschaft (d.h. um »Stiftung«) von kirchlichem Vermögen für eindeutig religiöse Zwecke der Glaubensvermittlung handelt: Dazu kämen noch entsprechend kirchliche, karitative, pädagogische und kulturelle Leistungen und Ziele aller Art.

(41) Nicht dem Namen nach, aber von der Sache her, ist das »kanonische« Leben wie das der Mönche oder der Anachoreten uralter Bestandteil christlicher Lebensart, der wohl nicht allein beim neubekehrten Paulus apostolischen Charakters und Ursprungs war. Auch Ulrich Köpf erwähnt diesbezüglich, dass sich erstmalig, auffällig und höchst gehaltvoll etwa »bei Basilius dem Großen eine Verbindung vom Ideal des christlichen Asketen und des kirchlichen Hirtenamtes angebahnt habe.«[139]Das war nach meiner bescheidenen Einschätzung sicherlich kein Sündenfall, sondern auch eine Art und das eigentliche Ziel aller »Askese«, den jeweiligen konkreten Willen Gottes zu erfüllen, in Sendung und Verkündigungsauftrag der Apostel.

Um diesen Zusammenhang näher zu erläutern, seien andeutungsweise noch die übrigen der »Kappadokier« erwähnt: Sie waren alle zusammen hochtalentierte Studiengenossen in Athen gewesen. Ihre Eltern waren noch

139 Ulrich Köpf, »Verbindung von Asketentum und kirchlichem Amt«, in: Bildung im Leben und Wirken der Regularkanoniker, aaO, 65: »...im Leben und Wirken Bernhards spielte das Priestertum keine wichtige Rolle«: Er verzichtete fünfmal auf ein Bischofsamt. Seine enorme Predigtliteratur müsse z. B. auch nicht unbedingt als Maßstab pastoralen Interesses ausgelegt werden. – Sicher war die Sermo-Literatur im innerklösterlichen Bereich auch von größter Wichtigkeit und überhaupt eine übliches Genus der »Literatur«.

»Neophyten« (Neubekehrte) des Christentums, die Väter Bischöfe. Es waren dies neben dem hl. Basilius (†379) sein Bruder, der hl. Gregor von Nyssa (†395) und der hl. Gregor von Nazianz (†389), der freundschaftlich verbundene Studiengenosse des hl. Basilius aus der Zeit der akademischen Studien in Athen.

Sie wurden alle durchwegs hochgebildete und »maßgebliche« Bischöfe, die für die notwendige Entwicklung des kirchlichen Dogmas in den Ökumenischen Konzilien und seiner Geschichte in der Zeit nach Konstantin (†337) Unverzichtbares zu leisten hatten und dadurch erheblichen Einfluss auf das christliche Leben in Lehre und Glaubensvollzug der Jahrhunderte ausübten. Sie stammten noch aus einem bischöflichen Milieu mit dem Eifer neubekehrter Eltern, die noch die Treue des ersten Glaubenseifers auszeichnete. Ihre Väter und Mütter hatten noch in einer zwar christianisierten, aber noch in der Lehre unsicheren und auch immer noch vielfach heidnischen Umwelt zurecht zu kommen.

(42) Alle diese drei Bischöfe, die »Kappadokier«, wiesen zumindest ganz natürlich eine besondere Nähe zum Mönchstum auf. Sie bereiteten sich nach ihren akademischen Studien in Athen durch klösterliches Leben auf ihr bischöfliches Amt in Kleinasien vor. Auch das zölibatär-bischöfliche Leben hätte schon etwas »Mönchisches« oder besser etwas »Kanonisches« an sich gehabt. Für eine spirituelle Vorbereitung war die Einsamkeit des *Pontus* an der nordöstlichen Küste des Schwarzen Meeres wie geschaffen. Das, was in etwa die Landschaft Ägyptens seinem hl. Antonius dem Einsiedler (†356) an kontemplativer Stille zu bieten hatte, fanden sie auch an den nordöstlichen Grenzen des Imperiums. Die Geographie des *Pontus* war es, wo sich das hellenistische und bereits

bemerkenswert christianisierte Kleinasien mit dreierlei traf: Erstens mit der Mentalität der schier unendlichen Steppen in ihrer Wüsteneinsamkeit, zweitens mit dem Heidentum der nach Eroberung begierigen, aber für das Christentum nicht unbekehrbaren Völker des Ostens, schließlich drittens auch mit Vertretern der Hochkulturen aus dem asiatischen Raum. Ungelöst blieben teilweise die christologischen Streitfragen, deren Lösung mit Nizäa (325) begann und noch ein halbes Millennium die christlichen Gemüter von Orient und Okzident zu erhitzen vermochte und wenigstens als kontroverse Gegenstände denkende Christen zu beschäftigen hatte.[140]

140 1. Nicaea 325: Wesensgleichheit zwischen Vater und Sohn. 2. Konstantinopel 381: Der hl. Geist ist »vom Vater und vom Sohne« ausgegangen. 3. Ephesus 431: gegen Nestorius *theotókos* (Maria verdient den Titel »Gottesgebärerin/Gottesmutter«). 4. Gegen Eutyches: Chalcedon 451: »unvermischt « und »ungetrennt«, 5. Konstantinopel II. 553 gegen die Nestorianer im »Drei Kapitelstreit«. 6. Konzil von Konstantinopel III. 787. Konstantinopel IV. 681, gegen die Monotheleten. Photius: Streit um das *Filioque* 787, der schließlich das große Schisma zwischen Ost und West besiegelte. Vgl. Hubert Jedin, Kleine Konziliengeschichte. Die zwanzig Ökumenischen Konzilien im Rahmen der Kirchengeschichte, Freiburg im Br. etc. 1960, 7–36.

# XIX.

(43) Die neuen Nationen der sog. »Völkerwanderung«, die daran waren, das *Imperium Romanum* aufzuteilen, neigten seltsamerweise zum »gnostischen« Erbe. Das erinnert an den bedeutsamen hl. Irenäus von Lyon (†200) und seine säkulare Schrift *Adversus haereses*.[141] Die gnostische Christologie, die Irenäus bekämpfte, war im Wesen eine antizipierte Vorwegnahme des Arianertums im 4. Jh., eine blanke, überaus erfolgreiche Häresie, die mit ihren Ansätzen beinahe bis in die Zeit der Apostel, nämlich des hl. Johannes in Ephesus und der Apostelschüler zurückzuverfolgen ist. Denn Irenäus war noch Schüler des hl. Polykarp (†155), der seinerseits den Lieblingsjünger Johannes kannte, was noch erlaubt, *Adversus haereses* als beinahe »apostolisches Problem« zu bezeichnen. D. h., daß die gnostischen Erschütterungen der Kirche bis an die Quelle der christlichen Botschaft zurückgeführt werden müssen. In seinem griechisch verfassten Kompendium *Adversus haereses* wurde diese Verfälschung der christlichen Botschaft für die Jahrhunderte festgehalten und durch noch gültige Lösungen ersetzt.[142]

---

141 Norbert Brox, Hrgb., Irenäus von Lyon, *Adversus Haereses*. Gegen die Häresien, Bde. FC 1–5, Freiburg/Br. 1993–2001.

142 Der hl. Irenaeus (130–200), Bischof von Lyon, *Adversus omnes haereses* (griechisch: »*Elenchos kai Anatrope tes Pseudonymou Gnoseos*). Gegen Valentinus und die Chiliasten unter den Montanisten, hrgb., übers. und kommentiert von Norbert Brox, in: *Fontes Christiani* (FC Bd. 8/1), Freiburg/Br. 1993–2001, 106 f.: Kap. »Fundorte«.

Norbert Brox hatte das Problem des ausschließlichen Bibelbeweises und der historisch fassbaren Lehre der Apostel so formuliert: »Seit Irenäus ist dieser Beweisgang üblich: Die Wahrheit kann für sich nur reklamieren, wer seinen (historischen und theologischen) Kontakt mit den Aposteln oder ihren Schülern nachweist, die übrigens ihre Vorgänger in den Patriarchen und Propheten der vorchristlichen Zeit hatten. Insofern kämen die Gnostiker einfach zu spät: Sie seien erst in nach-apostolischer Zeit aufgetreten ... Irenäus bestreitet die Existenz einer ›esoterischen‹ Überlieferung.«[143] Das hieße z. B., ein christliches Lehrgebäude würde als Ergebnis von Visionen zusammengefasst, die einem Religionsmystiker von Engeln oder Heiligen als verbindliche Botschaft eingeflößt worden wäre.

Das rechte Verstehen neutestamentlicher Schriften obliege dagegen der historisch-kritischen Methode, nicht so sehr einer spekulativ-philosophischen. Die Evangelisten und Apostel hätten daher nicht ein philosophisches System zu errichten gehabt, von ihnen sei eigentlich nicht einmal eine kluge Weisheitslehre verlangt. Sie müssten allerdings als Zeugen des Wirkens, des Todes und der Auferstehung Jesu von Nazareth auftreten und ihre Verkündigung in inspirierten heiligen Schriften festhalten. Diese Quellen müssten von potentiellen und regulären Märtyrern verstanden werden. Denn man stirbt nicht freiwillig und ohne Sinn und Zweck für ein Phantom. Diese Zeugenschaft erfordert auch das Studium der Propheten und der »Weisheit« des Alten Testa-

143 Norbert Brox u.a., hrgb., Einführung in Irenäus von Lyon, *Adversus haereses* (»Gegen die Häresien«), Bd. I–V, Bd. I, Freiburg / Br. (1993–2001 ), in: F C, Bd. 8/1 (1993), 100–112, 106 f.: Man müsse die Schriften »sorgfältig bei den Presbytern der Kirche lesen, bei denen die apostolische Lehre ist (4,32,1). Irenäus sei so nie in Beweisnot geraten«.

ments, weil diese zeigen müssen, dass die Sendung und das Erlösungswerk Jesu von Nazareth durchaus im Sinn des Alten Bundes und der alten Bibel (*secundum scripturam*) stattgefunden hat.

(44) Mit der gotischen Bibel Wulfilas († 383) erwarb sich der für die romanische Reichsbevölkerung überaus gefährliche Arianismus das konfessionelle »Schibboleth« (Ri 12,4 ff.), als Aushängeschild, das als einigendes Band des wilden Haufens von Ostgermanen, d.h. von Ostgoten, dazu von Westgoten, Vandalen, Langobarden, Rugiern, Burgundern etc. hätte dienen können. Die Burgunder hatten am frühesten den römischen Katholizismus am Rhein in der *Germania inferior* und *superior* angenommen. Das wurde schicksalhaft für die Christianisierung der Franken nach der Taufe Chlodwigs (496) durch den Einfluss seiner Gattin, der hl. Clothilde († 545). Diese war eine überzeugte Christin der konziliaren Christologie geworden. Als burgundische Prinzessin hatte sie offensichtlich rechtzeitig den Arianismus der Ostgoten abgelegt.

Der Vater Wulfilas war von Geburt griechischer Byzantiner (Kappadokier). Er hatte als verschleppter Gefangener eine noch heidnische Ostgotin geheiratet.[144] Nicht das Glaubensbekenntnis des Konzils von Nizäa (325), sondern die volkssprachliche Bibel wurde für die Ost- und Westgoten, die Langobarden und vor allem die Vandalen von »Andalusien« und Nordafrika ein einigendes *quasi*-»katholisches« Band. Die arianische »Christolo-

144 Herwig Wolfram, Die Goten, Kap. »Wulfila und die Anfänge der gotischen Bekehrung«, aaO, 84–95, 84 f. Die Abstammung Bischof Wulfilas, gotisch (von »Donaugoten«) und »kappadokisch« griechisch ist für den Historiker komplizierter, als üblich dargestellt. Die gelebte und geübte Zweisprachigkeit machte allerdings erst das Phänomen einer »Gotischen Bibel« möglich.

gie« wurde zugleich eine politische Ideologie zur Selbstfindung der entwurzelten Völkerschaften. Diese meinten, sich von den christlich gewordenen Römern nach der Eroberung, Bekämpfung und Unterdrückung der angestammten romanischen Bevölkerung in Nordafrika, im nördlichen Italien, in Süd-Frankreich, im Aquitanien des Westens, der Provence des Ostens und auf der iberischen Halbinsel wenigstens abgrenzen zu müssen.

Sie lernten allmählich das griechische und das lateinische Idiom und konnten bereits die gotische Wulfila-Bibel immerhin auch als einzigartige kulturelle Errungenschaft vorweisen. Diese hätte nur unter friedlicheren Umständen auch das schon erwähnte einigende Band im konstruktiven Sinn für alle Ostgermanen sein können und sollen. Aber der Traum von der *Pax Romana* war unter Kaiser Augustus († 14) schon dahin und brauchte nicht erst durch die arianischen Ethnien der Völkerwanderungszeit gestört zu werden. Falls die Symbiose nicht schon immer mehr Wunschgebilde als reale Wirklichkeit war, so galt der alte Traum des »*factum, non fictum*« für den von den streitsüchtigen Parteien immer wieder ersehnten »ewigen Frieden«.[145]

145 Herwig Wolfram, Die Goten, aaO, 332 ff.: »Die Eintracht war ein propagandistisches Wahngebilde«... Theoderich habe gelehrt, dass nur...« der Gewalttätigste und Rücksichtsloseste« die Tradition der Familie weiterführen könne.« Die Konsequenz war ein Regime »von Mord und Totschlag«.

# XX.

(45) Auch den Ökumenischen Konzilien war das zunächst nicht, oder nur sehr allmählich gelungen: »*Wahrer Gott und wahrer Mensch … gezeugt, nicht geschaffen, eines Wesens mit dem Vater.*« Das Dogma zu leugnen war sicher bequemer und leichter, als das Mysterium des ewigen Gottes mit ganzem Herzen voll anzunehmen. Die Heiden konnten sich um das Glaubensgeheimnis herumdrücken. Außerdem hatten sie auf einer schier endlosen Wanderschaft die seelische Unrast gelernt und die Tatsache, dass man bei jedem Fremden einen Todfeind vermuten sollte.

Man denke an das althochdeutsche »Hildebrandslied«[146], wo der Vater seinen Sohn erschlägt, nur weil der Kampf auf Leben und Tod eine unter »Gladiatoren« hoch ästimierte Art sportlicher Leistung erbringen sollte. Daher waren ihnen Glaubenskämpfe nicht unwillkommen. Sie mussten den permanenten Streit üben, das waren sie sich und ihrem Beruf als permanente »Zweikämpfer« zwischen Leben und Tod schuldig: Keine *Pax Romana*, keine *Pax Domini.*

Die Ausgrabungen von karantanischen Höhensiedlungen auf dem Hemmaberg in Kärnten können ganz anschaulich für den Historiker, aber auch für Schulklas-

146 Hildebrandslied: Helmut de Boor, Die Deutsche Literatur von Karl dem Großen bis zum Beginn der Höfischen Dichtung (770–1170), München 1966, 65 ff.: »gotisch-langobardisch, nicht kirchlich, sondern weltlich....« , eigentlich nicht »karolingisch«.

sen zeigen, dass es zwischen Katholiken und Arianern offensichtlich kaum eine friedvolle Koexistenz oder gar »Ökumene« gab. Diese »binnennorischen« Arianer waren leider eher aggressive Gnostiker, hasserfüllt, mörderisch und intolerant in ihrer Traumatisierung und letztlich auch Hilflosigkeit. Mit einem Wort, sie waren keine sehr duldsamen Patrone.[147]

(46) Ihre Bischöfe und sonstigen Autoritäten bedachten offensichtlich zu wenig, dass die Lehren des Arius (†336) auf die gnostischen Dogmen und die gnostische Sektenbildung bereits zur Zeit des Irenäus von Lyon (†200) hinausliefen, ja, genau genommen, diese an Radikalität noch übertrafen. Letztlich ging es auch damals um nichts anderes als um die Gottheit Jesu von Nazareth und seine wahre und wirkliche Menschennatur »*ex Maria Virgine et homo factus est*«. In den Pyrenäen, in der angrenzende Grafschaft Toulouse und in der westgotischen Provence hielt sich der Arianismus bis ins Zeitalter der Albigenser, der Katharer und Waldenser des 12./13. Jahrhunderts.[148] Man nannte die Katharer »Toulousaner«, aber gelegentlich auch »Arrianer« (sic!). Das waren im Wesentlichen ursprünglich westgotische Arianer, die den Romanisierungs- und Bekehrungsbemühungen der hl. Erzbischöfe Isidor von Sevilla (†636) und seines Bruders, des hl. Mönches und Bischofs Leander (†601), in die schwer zugänglichen Gebirge der Pyrenäen ausgewichen waren. In Barcelona gibt es ein Museum von arianischen Höhlenzeichnungen aus den Bergen mit

147 »Grundfesten von drei Kirchenpaaren auf dem Hammaberg«: Herwig Wolfram, Kap. »Westillyrien unter gotischer Herrschaft«, in: Grenzen und Räume, (378–907), Österreichische Geschichte (1995), aaO, 61–63, 63.

148 Vgl. Gerhard B. Winkler, Bernhard *versus* Abaelard, Aachen 2015, 175.

auch heute noch abschreckenden Christusdarstellungen. Mit den Mitteln der bildenden Künste verstanden es die Künstler, die wahre Menschheit Jesu zu leugnen und die »Perichorese«[149] zwischen Gottheit und menschlicher Natur Jesu in erschreckenden Fratzen *ad absurdum* zu führen.

(47) Die »Kappadokier« illustrieren mit überzeugender Anschaulichkeit, wie sehr das Amt des klassisch gebildeten Bischofs, der noch die antike Rednerkultur voll in die christliche Verkündigung einzubringen vermochte, und das Charisma des kontemplativen Lebens aufeinander abgestimmt sein müssten. Es war bald ein kirchlicher Gemeinplatz, dass ein guter Bischof und begnadeter Prediger zuerst ein guter »Mönch« sein könne und müsse. Das galt auch für den eben zitierten älteren der beiden Erzbischöfe von Sevilla, den hl. Leander (†600/601) und dem Geiste nach auch für den hl. Isidor von Sevilla (†636), die man als Pendants zu den drei Kappadokiern des vierten Jahrhunderts verstehen müsste.

Im kommenden Kanonikertum bildete sich genau der glückliche Kompromiss zwischen *actio* und *contemplatio* heraus, zwischen tätigem und beschaulichem Leben, zwischen Pontus und Nazianz, zwischen der klösterlichen Einsamkeit Kappadokiens und dem Bischofsstuhl von Nyssa, ferner zwischen der ägyptischen Eremitenwelt und der Residenzstadt Alexandrien. Auch die sy-

149 Seit den ersten Allgemeinen Konzilien gab es eine trinitarische und eine christologische »Perichorese«. D.h., die Dreiheit von Vater, Sohn und Geist durchdringt einander, sodass man nicht von drei Götter sprechen darf, sondern nur von »einem Gott in drei Personen«. In der Christologie gibt es eine ähnlich »Perichorese«: »Jesus ist wahrer Mensch und wahrer Gott.« D.h., er hat eine »theandrische« Natur und Wesenheit.

rischen Klöster halfen seelsorgerisch in Antiochien am Orontes aus und im palästinensischen Neu-Caesarea (358). Es fehlte sozusagen nur noch der spätere Begriff des »Kanonikertums« im Sinne von Regeltreue, wie sie die Priestergemeinschaften des aus Sardinien stammenden hl. Bischofs Eusebius von Vercelli († 371), des hl. Augustinus (†430) von Hippo Regius und anderer bereits gepflegt hatten.[150]

150 Floridus Röhrig, Die Augustiner Chorherren, in: 900 Jahre Augustiner Chorherrenstift Reichersberg, Fs. (1983), aaO, 15–23, 15.

## XXI.

(48) Nicht zufälligerweise hatte der hl. Athanasius (†373), der Patriarch von Alexandrien, in seinem Kampf um die Christologie des Konzils von Nizäa (325) intensive Beziehungen zu den Mönchen und Einsiedlern in der »Wüste« Ägyptens aufgenommen und sogar die Predigthilfe des hl. Antonius (†356), des Berühmtesten der Anachoreten, in Anspruch genommen. Ohne christliche Bildung, vor allem was die kontemplativen Bibelstudien anlangt, war auch das erforderliche Apostolat der Einsiedler nicht zu verwirklichen gewesen. Dem hl. Antonius von Alexandrien (†356) sagte man nach, dass er das ganze NT auswendig gelernt habe. Von Mönchen und Kanonikern musste man diese Kunst besonders beim Memorieren der Psalmen verlangen, wie es der hl. Pachomius (†346), der Begründer des Conobitentums, in der ägyptischen Wüste von seinen Mönchen erwartete. Denn der Mangel an vergleichsweise sehr kostspieligen Handschriften erforderte einfach diese Maßnahme.[151]

Die »kontemplativen« Kappadokier waren durchwegs nicht nur maßgebliche und tüchtige Bischöfe, sondern sie wurden sozusagen *die* ostkirchlichen »Kirchenväter« schlechthin, d.h. die Interpreten des universalen Glau-

151 Pachomius. Ulrich Köpf, Bildung im Leben und Wirken der Regularkanoniker, in: Studien zum Bildungswesen der bayerischen Augustiner-Chorherren in Mittelalter und früher Neuzeit, hrgb. Gert Melville und Alois Schmid, Paring 2008, 53–82, 59 f.

bens der damals noch im Wesentlichen ungeteilten, konzilswilligen und dogmatisierfähigen Christenheit.

(49) Immerhin war das Arianertum nicht nur ein Problem der Ostgermanen: der Goten, Alanen, Gepiden, Rugier, Langobarden, Vandalen, Burgunder etc. In Wirklichkeit war es das zentrale Problem der christlichen Verkündigung, mit dem sich schon der griechische Polykarpschüler, der hl. Irenäus, Bischof von Lyon (†200), herumschlagen musste in »*Adversus haereses*«[152]. Das waren die Gnostiker aller Zeiten, die Leugner der Gottheit und der wahren Menschheit Jesu von Nazareth. Gleichzeitig wurden sie nämlich Zeugen der verbindlichen Beschlüsse der großen ökumenischen Konzilien, die es in der ganzen Christenheit zu verkünden galt. Dieses Instrument der Glaubenssicherung war bis zum VII. Ökumenischen Konzil in Nizäa (786/7) mit der Bilderfrage eine ost-kirchliche Domäne gewesen, obwohl sich alle Beteiligten immer klar waren, dass bei Abwesenheit des Bischofs von Rom oder seines Legaten keine der Synoden als »ökumenisch« anzusprechen war. Im Zusammenhang mit dem Konzil von Chalcedon (451) kam deshalb schon der Spruch auf: »*Roma locuta, causa finita!*« Diese Formel durfte man bereits Papst Leo I. dem Großen (†461) nachsagen.

(50) Der hl. Basilius konnte das Zweite Ökumenische Konzil, Konstantinopel I (381), nicht mehr erleben. Dort war es um die Stellung des Heiligen Geistes zu Vater und Sohn gegangen: Unitas in *Trinitate und Trinitas in Uni-*

152 Norbert Brox (hrgb., eingl., übers.), Irenäus von Lyon, *Adversus haereses*, Bd. 1–5, Freiburg 1993-2001. FC 8, 1–5.
Berthold Altaner/Alfred Stuiber, Patrologie, Freiburg, Basel, Wien 1980, 110–117.

*tate, consubstantiali Patr*i. Die beiden Kappadokier mit dem Namen »Gregor«, der von Nazianz und der von Nyssa, waren noch Zeugen dieser wichtigen Kirchenversammlung, welche die Beschlüsse und Symbola von Nizäa (325) konsequent zu entfalten und weiterzuführen hatte. Die »*canones*« von Nizäa fanden im christlichen Glaubensbekenntnis der Jahrhunderte Eingang: Jesus von Nazareth war »wahrer Mensch und wahrer Gott«, »wesensgleich« dem Vater (*homoousios*), nicht nur »ähnlich« (*homoios*). Im 12. Jahrhundert erwartete man sich von den reformierten »Kanonien« und Kapiteln, dass man sich auch die »*canones*« der Konzilien gewissenhaft zu eigen macht. Die das zu Wege brachten erhielten schon früh den Ehrentitel »Kanoniker«, der sich durch die Jahrhunderte bis heute erhielt.

(51) Die Augustiner Chorherren müssten schon aus diesem Grund neben den drei Kappadokiern und dem hl. Augustinus große Verehrer des hl. Irenäus (†200) von Lyon sein. Denn seine Schriften gegen die »Häretiker« (*Adversus haereses* 180/85), d.h. gegen die Gnostiker seiner Zeit und aller Zeiten, setzten sich mit einer Verfälschung der christlichen Botschaft auseinander, mit der die Christen sich bis ins frühe Mittelalter befassen mussten. Die Albigenser in der Grafschaft Toulouse,[153] und in Aquitanien nannten sich noch im 12. Jahrhundert gelegentlich »Arrianer« (*sic!*), wie wir schon wiederholt angemerkt haben. Die deutliche Neigung zum Arianismus zeigte sich damals in der Provence sowohl durch westgotische als auch geringfügig durch ostgotische Einflüsse. Diese letzte war von der Religionspolitik Theoderichs des Großen (†526) in seiner quasi-kaiserlichen Residenz

153 Martin Schottky (Berlin), Art. »Provence. Spätantike«, LexMA 7 (1995), 275f.

zu Ravenna ausgegangen.[154] Der »Quasi-Kaiser« Theoderich hätte auch liebend gern die westgermanischen Stämme, vor allem die Franken, arianisch vereinnahmt. Diese Pläne wurden bekanntlich durch die burgundisch-katholische Gattin Chlodwigs und durch seine katholische Taufe in Tours (rechtlich) bzw. in Reims (zeremoniell und sakramental) durchkreuzt.

Jene Arianer waren u.a. die klassischen Leugner der »hypostatischen Union«, nämlich der neutestamentlichen Offenbarung, dass Jesus Christus »wahrer Gott und wahrer Mensch« sei. Zumindest war diese dogmatische Formel das *Ceterum censeo* der heiß umstrittenen Lehre der sieben ersten großen Ökumenischen Konzilien: von Nicäa I (325): gegen den Arianismus; Konstantinopel I (381): über den Heiligen Geist; Ephesos (431): gegen den Nestorianismus: mit Maria der »Gottesgebärerin«; Chalcedon (451): gegen den Monophysitismus des Eutyches; Konstantinopel II (553): gegen die »Drei Kapitel der Nestorianer«: Konstantinopel III (680/681): gegen den Monotheletismus; Nicaea II (787): gegen den »Ikonoklasmus« (die Bilderstürmerei).

(52) Nebenbei bemerkt, hätten Alfred Rosenberg und seine Mannen gut daran getan, in ihrem »Mythos« nicht über dieses entscheidende Jota der christlichen Überlieferung zu spotten. Das konnten schon »Pimpfe« und Gymnasiasten der drei letzten Kriegsjahre nicht ganz verstehen. Einen Funken Respekt vor der griechischen Sprache, ihrer Klarheit und ihrer Differenzierungsfähigkeiten, d.h. einfach der kulturellen Flexibilität, hätten sich damals 14-Jährige von dem hochgepriesenen Reichsminister erwarten können. In Wirklichkeit wussten wir damals schon, dass das, was er und seine Paladine

154 Ebd.

spottend vertraten, die Sprache des immer wieder auftretenden »Antichristen« war, gekoppelt mit einer pseudomessianischen Reichsideologie, über die schon die Apostel bestens Bescheid wussten: »So einer ist der Verführer und der Antichrist«, lehrten und schrieben sie (1 Joh 2,18; 2 Joh 7 u.a.).

Übrigens verstanden sich der hl. Bernhard und der hl. Norbert besonders gut in der Lehre vom »Antichristen«[155], die der Prämonstratenser nach Bernhards Urteil in Wort, Schrift und Tat bestens beherrschte. Seit Norbert 1126 im Erzbistum Magdeburg ein mächtiger Reichsbischof geworden war, konnte er u.a. durch die Gründung eines ganzen Kranzes von Stiften seiner Kanoniker helfen, die Macht dieses »Antichristen« wenigstens in seiner Großdiözese einzudämmen, aller Verfolgung z. B. der papsttreuen Bischöfe zum Trotz.[156] Durch Norberts Wirksamkeit als Erzbischof von Magdeburg (1126–1134) sollten sich seine »regulierten Stifte« ganz bewusst wie ein Schutzwall gegen den »Antichristen« ausbreiten. Norbert war erstaunlicherweise auch ein Vertrauter König Lothars (1125–1137) und Kanzler des Reiches geworden. Kraft dieses quasi-sakramentalen Amtes hatte er nach uralter Auffassung den »Antichristen« zu bannen. All das trug dazu bei, dass

155 »Antichrist«: Gerhard B. Winkler, Kap. »Norbert und Bernhard«, in: Monastikon, aaO, 173–185, 181.

156 Bernhard von Clairvaux, Ep. 56, in: Werke 2 (1992), 536 f. Norbert musste sich damals auch mit dem Gedanken getragen haben, eine Wallfahrt ins hl. Land zu machen. Auch mit einer empfindlichen Kirchenverfolgung rechnete der künftige Reichsmetropolit. Die positive Stellung für Innozenz II. im Schisma mit Pierleone (Anaklet) führte u.a. zu einer unerschütterlichen Vertrauensbasis. Vgl. Gerhard B. Winkler, Bernhard und Norbert. Wie »gregorianisch« waren die beiden Reformer? In: Schlägler Notizen, Schlägl 2004, 183 f. Vgl. auch: Monastikon, aaO, Kap. »Norbert und Bernhard«, aaO, 176–179.

sein Gesinnungsgenosse, der Abt von Clairvaux, feststellen musste, dass sich der hl. Norbert in der Frage des Antichristen besonders auskenne und er sich als gewandt erwiesen habe.[157]

Nach den apokalyptischen Überzeugungen seiner Zeit und offensichtlich seiner Person sah er im christlichen Fürsten jenen höheren Auftrag, die Mächte der Finsternis niederzuhalten, sie vielmehr wenigstens nicht »hochkommen« zu lassen – nach dem bekannten Pauluswort (2 Tess 2,3–12): Ihr wisst »*quid detineat*«, ein »*katéchon*«.[158] Dazu gehörte auch die Überwindung des Schismas und der Sieg des Glaubens über den sinnlosen Parteienstreit. Bernhard bezeichnete auch häufig den »Mittagsdämon« (2 Kor 11,14) als den »Antichristen« lässiger Mönche – mit Ungehorsam in der Askese und geistlichem Hochmut.[159]

Außerdem war es für Bernhard wichtig, dass sich Norbert neben vielen anderen geistlichen Vorzügen, die er als Reichsbischof und Metropolit brauchte, im schmerzhaften und lang andauernden Schisma stets eindeutig für Innozenz XII. (Gregor Parapeschi, † 1143) ausgesprochen hatte. Er wirkte bis in das polnische Missionsgebiet hinein, auch wenn ihm das Amt des *Primas Germaniae* versagt war. Für Bernhard war die »Laieninvestitur« wie für Gregor VII. († 1085) und die meisten »Gregorianer« ein rotes Tuch. Auch Bernhard und seine Gesinnungsgenossen hielten die Laieninvestitur für

157 Antichrist: Bernhard Ep. 56: Norbert von Xanten vertrete die Ansicht, dass er das Kommen des Antichrist noch erleben würde, in: Werke 2 (1992), 536 f.

158 »Ihr wisst, was sein Hervortreten zu seiner Zeit noch aufhält. Schon ist das Geheimnis der Gesetzlosigkeit wirksam. Nur muss erst der zurücktreten, der es noch aufhält. Dann wird der Gottlose sich offenbaren.« (2 Tess 2,6–8).

159 »Antichrist«: Gerhard B. Winkler, Monasticon, aaO, 181–182.

ein Zeichen der Umtriebe des »Antichristen«, der sich der christlich-sakralen Fürsten, Könige und Kaiser bemächtigen will, sodass sie ihrer christlichen Sendung vor allem als Friedensstifter nicht mehr nachgeben können und wollen. Daher müsste dieser »Antichrist« mit allen geistlichen Mitteln »niedergehalten« werden. Für solch eine machtvolle Gestalt hielt Bernhard seinen Freund Norbert von Xanten († 1134), den Erzbischof von Magdeburg. Dieser versuchte das gleiche mit Hilfe des ihm wohl gesonnenen Kaisers Lothar II. († 1137): Als Bernhard Norbert fragte, was er vom »Antichristen« halte, beteuerte er, »ganz sicher zu sein, dass dieser noch in der gegenwärtigen Generation offenbar werde.«[160]

160 »Antichrist«: Bernhard von Clairvaux, Ep. 56, 1–2, in: Werke 2 (1992), 536–537. Norbert erwarte noch eine größere Christenverfolgung vor dem Tod, auch das Kommen des Antichrists. An dieser Stelle teilt Bernhard nicht die Auffassung Norberts. Als Folge des Investiturstreits und seiner Einbußen, Leiden und Opfer dachten viele Beteiligte wie auch Papst Gregor VII. an das Kommen und Zeichen des Antichrist. Karl Hampe, Kapitel »Ende Gregors VII.« , in: Hochmittelalter. Gesch. des Abendlandes von 900 bis 1250, Darmstadt 1964, 138.

## XXII.

(53) Im Osten wie im Westen kannten alle Angehörigen der höheren Stände der Sache nach den *recessus ad villam*, wie man im Umkreis des hl. Augustinus (†430) in der spätrömischen Beamtensprache sagte, und wie ihnen ihre politische Erfahrung Recht gab. Die Römer waren sich ziemlich sicher bewusst, dass sie ihre überlegene Staatskunst, mit der sie den ganzen Mittelmeerraum, fast ganz Europa bis zum *Limes Romanus* zwischen Donau und Rhein, den Nahen Osten und auch Nordafrika beherrschten, auch ihrer Belesenheit, ihrer Bildung, ihrer Sprache und der überlegenen literarischen Kultur verdankten. Übrigens führte sie der Handel ohnedies auch auf der Bernsteinstraße bis in den Norden Europas. Nach Asien gab es für sie immerhin schon die »Seidenstraße«[161]. Niemand sollte das einige Jahrhunderte später so gut und beispielgebend verstanden haben wie die irischen Missionare, welche die *Negativa*, das Bedrückende und das unvermeidliche Joch einer Fremdherrschaft des römischen *Imperium Romanum* nie zu erdulden gehabt hatten. Denn der Imperator Julius Cäsar gab sich mit der Provinz *Britannia* allein zufrieden. *Hibernia* wäre ihm nicht mehr ganz geheuer gewesen. So kam es, dass diese Iren ohne Ängste die lateinische Schrift, Sprache und Kultur trotz autochthoner und hoher nationaler Gelehrsamkeit sowie sprichwörtlicher Talente bzw. Begabungen in allem überlegen und

161 Leonie von Wilckens, Art. »Seide«, in: LexMA 7 (1995), 1701–1710, 1701 f.

erstrebenswert fanden: Für sie war die *Romanitas* geschichtlich auch zu einem Schlüssel für die fundamentalen Glaubensquellen geworden, als es galt, die »Frohe Botschaft« des Christentums sowohl zu verstehen als auch zu verkündigen.

(54) Der Rhythmus dieser Phase der *lectio* und der *contemplatio* im aristokratischen Landleben der Römer kam vielfach auch einem Freundes- und Assistentenkreis zugute, aus dem sich die Missionshelfer der späteren Bischofskapitel rekrutierten. Sie wurden *ad mensam Episcopi*, d.h. für »*Leib und Seele*« versorgt, wie sich die Sprache des Volkes eigentlich ganz gut mit dem Kanonistenlatein vermischen konnte. Einer der ersten, die diesen Brauch bekannterweise bereits als Institution betrieben hat, war der schon erwähnte hl. Eusebius von Vercelli (†371), der »Knappe« und Schildträger des hl. Athanasius von Alexandrien (†373) in der Auseinandersetzung mit den Arianern. Damals ging es, wie schon erwähnt, um die Beendigung des Schismas und um die Anerkennung der christologischen Beschlüsse des Ökumenischen Konzils von Nizäa (325).[162] Daher wird der Bischof von Vercelli in Kanonikerkreisen noch vor dem hl. Augustinus (†430) als einer ihrer spirituellen Gründer betrachtet.[163] Schließlich betrieb auch der hl. Zeno (†375), der Afrikaner, im Bistum Verona, unsere Form der kirchlich bischöflichen Unterweisung durch Kooperation, »Kollegialität« und *vita communis.*

162 Andreas Redtenbacher, Zukunft aus dem Erbe. Charisma und Spiritualität der Augustiner-Chorherren, Innsbruck, Wien 2007, 93: »Antiochia, Verona, Vercelli«.

163 F. L. Cross, ed. The Oxford Dictionary of the Christian Church, London 1957, 474: Art. »St. Eusebius« (†342), Bishop von Nicomedia, later on Constantinople. He signed the Creed of the Council of Nicaea (325).

(55) Die vier großen Patriarchskirchen Antiochien, Alexandrien, Konstantinopel, Rom und sehr spät auch Jerusalem (nach Chalcedon 451) waren die Säulen der großen Ökumenischen Konzilien. Wenn eine ausfiel und nicht repräsentiert war, gab es kein im Glauben verbindliches Allgemeines Konzil. Den großen *Patriarchatskirchen* darf eine maßgebliche Vorbereitung der konziliaren Dogmenentwicklung durch solides Glaubenszeugnis mit Vorbildscharakter als Verdienst angerechnet werden. Nicht zufällig wurden auch in der beherrschenden »Ostkirche« Petruskirchen konsultiert. Da waren die drei bzw. vier »Peterskirchen«[164] mit Patriarchalrang: der Patriarchensitz von Antiochien in Syrien, wo Petrus offensichtlich nach seiner Flucht aus Jerusalem wirkte: »... und er begab sich an einen anderen Ort«, heißt es in Apg 12,17. Dann kam der Bischofssitz von Alexandrien in Ägypten, wo nach einer alten Tradition der Petrusschüler Markus den Glauben verkündete. Dann kam der von Rom, wo Petrus maßgeblich gewirkt hatte, bis er selbst unter Kaiser Nero gekreuzigt, Paulus aber als römischer Bürger enthauptet wurde. Dort wurden und werden die Gräber der beiden Apostelfürsten unvergessen und lückenlos verehrt[165]. Das »*Roma locuta, causa finita*« des hl. Papstes Leo I. des Großen (451) wurde zur Formel

164 Klaus Schatz, Der päpstliche Primat. Seine Geschichte von den Ursprüngen bis zur Gegenwart, Würzburg 1990, 64 f.: »Jerusalem (vor Jakobus dem Jüngeren), Antiochien (der hl. Paulus), Alexandrien (hl. Markus der Petrusschüler) und Rom«: Es ist eine uralte Tradition, nach der die altkirchliche Patriarchenwürde vor allem von Rom auf die Wirksamkeit Petri zurückzuführen sei.

165 Klaus Schatz, Der päpstliche Primat, aaO, 68. Der Verfasser behandelt auch die Legende des Petrusbruders Andreas, um die »Pentarchie« der Autorität des Simon Petrus für die ehrwürdigen Teilkirchen konsequent durchzuführen: Antiochien, Alexandrien, Rom, Konstantinopel (nach der Reichsteilung Kon-

kirchlicher Spruchweisheit. Ferner darf auch das spätere Konstantinopel mit seiner ehrwürdigen Andreastradition, den Andreasreliquien und seiner Andreasverehrung im weiteren frömmigkeitsgeschichtlichen und geographischen Sinn als »petrinisch« (Mk 1,17 par.) angesehen werden[166]. Denn Konstantinopel hatte nicht vergessen, dass Petrus auch im Pontus des Schwarzmeerraums das Evangelium verkündet hatte. Trotz der grausamen Zerstörung (des Jahres 70) gehörte m. E. auch Jerusalem zu den Petrus-Kirchen, wenn dieser Hauptstadt der Hauptstädte auch der Patriarchentitel erst sehr spät verliehen wurde, nämlich *honoris causa* 451 zum Konzil von Chalcedon. Simon Petrus wirkte dort mit Feuereifer, bis ihn, den damals schon Todgeweihten, die Engel aus dem Kerker des Herodes herausholen mussten (Apg 12,6–19), um ihm das Geleit nach Rom zu geben und ihn für das Martyrium in den Gärten eines besessenen Kaisers vorzubereiten.

---

stantin d. Gr. 311) und Jerusalem (nach dem Ökumenischen Konzil von Chalcedon von 451).

166 Der Apostel Andreas soll im vorderasiatischen Pontus, Bithynien und Thrakien besonders unvergesslich gewirkt haben. Heinrich Schauerte (Paderborn), Art. »Andreas«, hl. Apostel, LThK, Bd. 1 (1965), 511–513.

# XXIII.

(56) Der Begriff der »Regulierten Kanoniker« bürgerte sich erst im 10. bis 12. Jahrhundert ein. Er war eigentlich ein Pleonasmus, der andeuten sollte, dass die Mehrzahl der damaligen Kanoniker, die nach keiner Regel, d.h. keinem »Kanon« lebten, »regellos« waren und daher einer »Regulierung« bedurften. Neben Cluny (910) und später Cîteaux (1098) und der von ihnen geführten Mönchsreform war die Kanonikerreform des Hohen Mittelalters das wichtigste Instrument des Papsttums im Investiturstreit Gregors VII. (1073–1085) geworden. Im ganzen Zeitalter nannte man den kirchlichen Aufbruch nach diesem Papst »Gregorianismus«. Rom wimmelte damals von lothringischen und burgundischen Mönchen, vor allem aber auch von »Kanonikern«, die sich alle als Reformer gerierten, es aber zum guten Teil auch wirklich waren.

Die Reformbewegung des 12. Jahrhunderts erfasste auch nördlich des Alpenkammes ganze Kirchenprovinzen, wie z. B. die von Salzburg. Überall im Land waren an strategischen Punkten Festungen, Burgen, Klöster und Gotteshäuser entstanden, die heute noch die fremden Gäste anlocken: Hohensalzburg, das Wahrzeichen der Bischofsstadt, Schloss Werfen, das die Heerestrasse vom Flachgau in den Pongau und zu den Alpenübergängen blockieren konnte. Das waren die Defensivmaßnahmen des sel. Erzbischofs Gebhard († 1088), der außerdem Friesach in Kärnten zu einer mittelalterlichen Regierungs-, Kloster- und Festungsstadt ausbauen und befestigen ließ. Dazu kam Admont, die wichtigste und gelehrteste Benediktinerabtei des Landes im Ennstal der »Steierischen« Mark in diesen Jahrhunderten, besonders im Spätmittelalter. Unversehens trugen die Chorherren (von Gurk, Seckau, Lavant, Berchtesgaden, Chiemsee und Friesach mit ihren Oberhirten) die weißen Gewänder der regulierten Kanoniker. Im klassischen Investiturstreit Gregor VII. († 1085) mit König und Kaiser Heinrich IV. († 1106) hatte es nur eine Minderheit von Reichsbischöfen (etwa ein Drittel) gegeben, welche die päpstlichen Forderungen nach Abschaffung der Laieninvestitur unterstützten.[167] Das war u. a. ein Westfale, der hl. Altmann von Passau († 1091), der im Stift Göttweig in seinem Grab heute noch mit dem abendlichen *Salve Regina* erfreut und geehrt wird. Außerdem der aus dem babenbergischen Österreich ob der Enns stammende hl. Adalbero, Graf von Lambach-Wels († 1090), Bischof von Würzburg, und, wie gesagt, der sel. Gebhard von Salzburg aus einem vornehmen schwäbischen Geschlecht, der in Admont die Zuflucht fand, im Leben und im Tod († 1088). Er wird dort an seinem

167 Heinrich Fichtenau, Der Mönch Hildebrand, in: Fs. *Ecclesia peregrinans* für Josef Lenzenweger, Wien 1986, 59–68. Hildebrand habe in der »Schule« des Lateranpalastes Latein und Griechisch gelernt und habe im übrigen in jungen Jahren in der »Kanonie« bei der *Porta Latina* gelebt (ebd., 63). Das sei im übrigen seine »monastische« Erziehung gewesen. Nach alldem sollte man nicht vom »Mönch Hildebrand« sprechen, wie es die Polemiker des Investiturstreits und ihre gelehrten Anhänger abfällig machten. Viel mehr habe er ähnlich wie der spätere Bernhard seine entscheidenden Jahre fundamentaler Bildung und Erziehung in einer »Kanonie« verbracht. Der Aufenthalt in Cluny sei zu kurz für ein »Noviziat« gewesen. Ebd. 64. Wenn es nach Heinrich Fichtenau ginge, sollte man den polemischen Begriff »Mönch Hildebrand« eher vermeiden. Denn sonst könnte jemand auf die Idee kommen, den späteren Papst, den hl. Gregor VII. († 1085), mit noch besserem Recht auch als »Stiftsherrn« oder »*Domicellus*« zu titulieren.

Grab immer noch als Seliger verehrt. Dann sei noch jener Hermann, Bischof von Metz, aus dem lothringischen Grafengeschlecht,[168] der seine anfängliche »Treue« zu Heinrich IV. (†1106) zu bedauern anfing und deshalb den sel. Erzbischof Gebhard von Salzburg (†1088) um Klarstellung der Ursachen des Streites und vor allem über die Verbindlichkeit des Feudaleides bemühte. Schließlich war da noch ein »Gregorianer«, nämlich Erzbischof Hartwig von Magdeburg (†1102), ein würdiger Vorgänger des hl. Norbert (†1134).[169]

(57) Gebhard beschwor in einer berühmten kanonistischen bzw. rechtsphilosophischen Abhandlung für den Bischof Hermann (*Germanus*) von Metz (†1090) in Lothringen die Gegner Gregors VII. (†1085) von der Notwendigkeit einer stabilen Rechtsordnung zu überzeugen.[170] Denn wenn gestandene Bischöfe wie wilde

---

168 Bischof Hermann von Metz (1073–90): Metz war umkämpfter Schauplatz im Investiturstreit. »Seit dem 12. Jh. stammten die Bischöfe in der Regel aus den Fürstenhäusern von Lothringen und Bar«: Michel Parisse (Nancy), Art. »Metz »/«Bistum«, in: LexMA, Bd. 6 (1993), 585–588, 588. Im übrigen konnte sich die Diözese auf einen Reichtum an Benediktiner-Klöstern rühmen, zu denen auch noch eine ganze Reihe von Kanonikerklöstern kam.

169 Gerhard B. Winkler, in: »Monastikon«, 6. Kapitel, aaO, 85–103, 86.

170 Vgl. Gerhard B. Winkler, Der Sel. Erzbischof Gebhard von Salzburg (1060–1088) und die Streitfrage, wer die juridischen Neuerer und »Rechtsbrecher« in der Investiturfrage gewesen seien, die kaiserlichen oder die päpstlichen Kombattanten, in: Fs., *Laudatio* für Hans Paarhammer am 17. November 1995 in Maria Plain, MS 1–12.; nach Quellen zum Inverstiturstreit/ Zweiter Teil, Bd. XII b, Schriften über den Streit zwischen *Regnum* und *Sacerdotium*, hrgb. Franz-Josef Schmale/übers. Irene Schmale-Ott, *Epistola venerabilis Gebehardi Salzburgensis archiepiscopi ad Herimannum Metensem episcopum*, Darmstadt

Tiere gejagt würden, könne das weder für die Gläubigen, noch für das ganze Gemeinwesen, noch schließlich und endlich auch für das Kaisertum ein Gewinn sein.[171] Vor allem aus religiösen Gründen neben den vielerlei Aspekten der Staatsraison dürfte das markgräfliche Geschlecht der Babenberger die päpstlichen Partei gewählt haben. Der hl. Markgraf Leopold III. (†1136) hatte ja bekanntlich 1105 mit Hilfe des Böhmen-Königs Vratislav II.[172] (gekrönt 1085) Kaiser Heinrich IV. (†1106) in der geplanten Schlacht gegen seinen Sohn Heinrich V. (†1125) die Gefolgschaft verweigert. Das ereignete sich unmittelbar nördlich am Fluss Regen vor den Toren der künftigen Reichs- und Ständestadt Regensburg.[173] Der Markgraf Leopold vermählte sich darauf in zweiter Ehe mit der verwitweten Kaisermutter Agnes (†1143). Nach Karl Hampe hatte »Verrat« das kaiserliche Ansehen so sehr unterhöhlt, dass sich das eigene Heer vor der Schlacht zwischen Vater und Sohn auflösen musste.[174]

---

1984, 120–173. Vgl. Gerhard B. Winkler, 16. Kapitel: Gebhard, Erzbischof von Salzburg (1060–1088) und die neue Rechtskultur, in: »Monastikon«, Aachen 2012, 85–103, 87 ff.

171 Gebhard von Salzburg an Hermann (Germanus), den Bischof von Metz, ebd., 120: Bischöfe würden wie »Leibeigene behandelt«, 143: In Bamberg wurde der Papst öffentlich »geschmäht.« 151: »*Convicia*«. 173: *Descende!*« 170: In Worms (1076) habe man die päpstliche Vollmacht geleugnet.

172 Frantisek Graus, Art.: »Böhmen«: Vratislav II.: König (1085), in: LexMA 2 (1983), 335–344, 337. Jirí Kuthan, *Splendor et Gloria Regni Bohemiae,* Praha 2007: »Reihe der Landesherren und gekrönten Könige...Die Begräbnisstätten...«, 9. Anm. 1.

173 Guido Hable, Geschichte Regensburgs. Eine Übersicht nach Sachgebieten, Regensburg 1970, 249: »Die Heere von Heinrich IV. und Heinrich V. stehen sich bei Regensburg (am Regen) 1105 gegenüber.« Heide Dienst, Art. »Leopold III., der Hl.«, in: Lex MA, 5 (1991), 1899.

174 Karl Hampe, Das Hochmittelalter. Geschichte des Abendlandes von 900 bis 1250, Darmstadt 1964, 35 und 159.

Dass die biblische Tugend der »*pietas*« auch unter Blutsverwandten im Reich wegen des kaiserlichen Gegenpapstes Paschalis III. (†1168) nicht viel zählte, beweist die grausame Brandschatzung der Stadt Salzburg durch den kaiserlichen Onkel Friedrich I. Barbarossa (†1190) unter Erzbischof Konrad II. (†1168), dem jüngsten Markgrafensohn, weil das 1166 ein Nürnberger Reichstag unter kaiserlicher Ägide so beschlossen hatte.[175]

Der Markgraf Leopold, der Heilige, führte 1133 in seiner Residenz Klosterneuburg, der wohl von Anfang an schon vorgesehenen landesfürstlichen Grablege, die Augustinerregel nach der Chorherrenreform ein.[176] Wer sich die Frage nach dem geistlichen Profil der reformierten Augustiner Chorherren stellt, darf wohl auch auf die spätere *pietas Austriaca*[177] verweisen, muss aber berücksichtigen, dass diese schon die frühen Babenberger Jahrhunderte vor der barocken Katholizität pflegten, indem sie z. B. die päpstlichen Ideale der Chorherrenreform praktizierten. Zu dieser gehört eine merkwürdige Mischung von eigenkirchlichem Kalkül (der *pietas dynastica*) und frommer Ehrfurcht (einer *pietas ecclesiastica*) vor dem Heiligen Stuhl, die sich dann allerdings später in der Barockfrömmigkeit zu unübertroffener Blüte

175 Franz Ortner, Kap. »Salzburg im Investiturstreit«, in: Die Bistümer des Heiligen Römischen Reiches, hrgb. von Erwin Gatz, Freiburg/Br. 2003, 619–651, 640.

176 Karl Brunner, Leopold der Heilige. Ein Portrait aus dem Frühling des Mittelalters, Wien, Köln, Weimar 2009, 158–163: »Die neue Burg und das Fürstenstift«.

177 Gerhard B. Winkler, Die Marien Wallfahrt in der *Pietas Austriaca*. Mariazell (1157–2007) – ein mitteleuropäisches Heiligtum und die Botschaft des Papstes Benedikt XVI., des Marienpilgers, in: Mit Maria auf Christus schauen, Fs. für Papst Benedikt XVI. zum Papstbesuch in Österreich (2007), hrgb. G. Mihlig, A. Pylik, Graz 2008, 166–174.

entwickeln sollte.[178] In dasselbe Jahr 1133, als der Klosterneuburger Klerikerkonvent zu einem »regulierten Chorherrenstift« mutierte, fiel auch die Gründung der geschichtsträchtigen Zisterzienserabtei von »Heiligenkreuz im Wienerwald«, auf deren Errichtung der Markgrafensohn Otto von Freising († 1158) gedrängt haben soll. Er war nach seinen Studien in Frankreich vorher Abt von Morimond geworden. Das geschah im lothringischen Grenzgebiet nach dem »*Chronicon pii marchionis*«. Karl Brunner, der Wiener Historiker, em. Vorstand des Instituts für Österreichische Geschichtsforschung, sieht mit Recht in seiner überaus gelungenen Lebensbeschreibung des hl. Leopold († 1136) einen »ursächlichen Zusammenhang« zwischen der Einführung der Augustinerregel in Klosterneuburg und den Zisterziensern von Heiligenkreuz im Wienerwald.[179]

Der Stifter brauchte zwei verschiedene Orden zur gegenseitigen Ergänzung, den der Augustiner Chorherren und den der Zisterzienser. Die ersten Zisterzienser waren

178 Zur »Pietas Austriaca«: Frau Hofrat Dr. Anna Coreth verdient alle Hochschätzung wegen ihres österreichischer Klassikers der Frömmigkeitsgeschichte. Vgl. Manfred Gerwig, Art. »Pietas«, in: LexMA 6 (1993), 2141 f.: *Sapientia, intellectus, scientia, concilium,/ fortitudo, pietas, timor Domini*. Nach Thomas, von Aquin (*Summa theologica* 1, II, 68, 1–8), in: LThK 4 (1960) , 479. Ludwig Ott, Grundriss der katholischen Dogmatik, Freiburg 1954, 302.

179 Karl Brunner, Der Markgraf Leopold III. der Heilige, in: Herzogtümer und Marken. Vom Ungarnsturm bis ins 12. Jahrhundert (= Österreichische Geschichte 907–1156, hrgb. Herwig Wolfram), Wien 1994, 278. Vgl. auch die überaus lesbare Kurzbiographie des Verfassers über Leopold III. den Heiligen. Der Autor hält es für mehr als wahrscheinlich, dass der hl. Leopold III. von Babenberg nicht zufällig das Mönchskloster in der Einsamkeit des Wiener Waldes bauen ließ, während er sich das Kanonistenkloster quasi als »Escorial« vor seiner Wiener »Haustür« und als Klosterschloss zu benützen dachte.

u.a. durch ein strenges Verbot »herrschaftlicher« Hospitalität bekannt, zu dem sich nicht einmal die strengen Kartäuser verpflichtet sahen. Diese hatten bekanntlich, so wie andere Orden, einen Gästetrakt, der als fürstliche Residenz zu gebrauchen war. Der Landesherr konnte allerdings je nach Bedarf bei den Chorherren im Stift Klosterneuburg mit Ross und Reiter einziehen, dort residieren und amtshandeln. Das war bei den Zisterziensern zur Zeit des Markgrafensohnes, des sel. Otto von Freising († 1158), noch nicht vorgesehen.

(58) Wenn dieses merkwürdige Zusammenfallen von Stiftungsdatum der Zisterzienser und der Kanonikerreform kein bloßer Zufall war, dann gewinnt unser Thema von den Besonderheiten des Kanonikercharismas seine Bestätigung: Das würde heißen, dass nicht nur der Landesherr verschiedene Talente für seine Zwecke brauchte, sondern dass die Vielfalt der Gnadengaben und Charismen einfach wie bei Paulus (1 Kor 12,4) für eine gesunde Kirche und überhaupt für eine gesunde Gesellschaft allezeit erforderlich war. Gestandene Kirchenhistoriker wie Friedrich Kempf S.J. wandten sich schon vor Jahren gegen die viel beschworene vermeintliche »*Vermönchung*« der Kirche durch Person und Vorlieben Gregors VII. († 1085), in den Konzeptionen seines Leitungsamtes und in seinem Handeln: Er sei zwar kein Gegner des Mönchtums gewesen; das Gegenteil sei viel mehr der Fall. Aber kraft seines Amtes sei das primäre Ziel seines Ringens die Reform des Priestertums gewesen.[180] Das war au-

180 Friedrich Kempf, Die Gregorianische Reform (1046–1124), in HKG , hrgb. Hubert Jedin, Bd. III, 1, 421–461, 423: »Nicht ganz zutreffend nennt man Gregor VII. den ›Mönch‹ auf dem Papstthron, denn entschieden wandte er sich der ihm auferlegten apostolischen Tätigkeit zu.« Auch war sein Klosteraufenthalt im burgundischen Cluny eher »Kloster auf Zeit«.

ßer den Monasterien nur mit Hilfe der Kanoniker in den zahlreichen Chorherrenstiften möglich. Denn er musste das Anliegen der Katharer, Waldenser, Albigenser und Toulousaner des 12. Jahrhunderts vorhergesehen haben, die im Ärgernis über das ungeistliche Leben der Kleriker ihrer Zeit der Sektiererei verfallen waren. So sei es gekommen, dass schon zur Zeit des großen Papstes Innozenz III. (†1216) die Bettelorden der Franziskaner und der Dominikaner, wie der Verfasser der Legende meinte, »das Dach der Laterankathedrale stützen müssten«.[181]

Andererseits zeigte der etwas spätere Armutsstreit, dass die alte Kirche nahezu in eine *quasi*-»reformatorische« Krise geraten war.[182] Da war der *Defensor Pacis* des Marsilius von Padua (1342) und das Schrifttum des englischen Franziskaners William von Occam über den Konziliarismus und die Armut der Kirche (†1349), die seltsamerweise noch nicht die kirchliche Einheit in Frage stellten. Die Lehre von der Superiorität des Allgemeinen Konzils auch über dem päpstlichen Lehrprimat (der sog. »Konziliarismus«), wurde erst im 16. Jahrhundert auf dem Fünften Laterankonzil (1512–1517) als häretisch zensuriert.[183]

181 Franziskus und der Lateran: *Legenda trium Sociorum*, 49–52, in: Dieter Bauer, Helmut Feld, Ulrich Köpf ( Hrgb.), Franziskus von Assisi. Das Bild des Heiligen in neuer Sicht, Köln, Weimar, Wien 2005, 56: »Der Traum des Papstes Innozenz« (Helmut Feld).

182 Zu William von Occam und seinen »theoretischen Armutsstreit«: Erwin Iserloh, Die Spiritualenbewegung und der Armutstreit, in: Hubert Jedin (Hrgb.), Handbuch der Kirchengeschichte, Bd. III/2, Freiburg etc. 1985, 453–460.

183 V. Lat.-Konzil (1512–1517): Hubert Jedin, Kleine Konzilsgeschichte, aaO, 78 f. Die Superiorität des Konzils über kirchlichen Entscheidungen wurde noch in den »Gallikanischen Artikel« gefordert (1682).

# XXIV.

(59) Auch der bedeutende sel. Konrad I. von Abensberg, Erzbischof von Salzburg (†1147), verstand sich gleichsam als »Generalabt« eines Kanonikerverbandes, vor allem bestehend aus den Klein-»Suffraganen« von Gurk, Seckau, Lavant, bis zu den »Kanonien« auf der Chiemsee-Insel[184]. Ein Bischof von Chiemsee residierte im Salzburger Chiemseehof als Stellvertreter des Fürst-Erzbischofs. Alle diese untergeordneten Suffragan-Bischöfe erfüllten, wie wir schon erwähnten, die Aufgaben von Weihbischöfen oder sog. »Pontifikalvikaren« im ausgedehnten Erzbistum Salzburg, das praktisch das ganze alpenländische spätere Innerösterreich umfasste. Der Fürst-Erzbischof gedachte zu regieren, während die Pontifikalvikare Land auf und Land ab zogen, um Weihehandlungen vorzunehmen und fleißig zu predigen[185]. Sie waren die geborenen Meister der außerordentlichen Seelsorge.

Auch stand die benachbarte Fürstpropstei Berchtesgaden mit »regulierten« Augustinern in ihren weißen Soutanen wenigstens symbolisch in der »Obedienz« Salzburgs.[186] Dazu kam es im ganzen Land zur Gründung

184 Gurk für später Kärnten/Klagenfurt, Seckau für Graz/Steiermark, Lavant, Chiemsee beherbergte ursprünglich eine Art Weihbischöfe oder Pontifikalvikare, wie man im 16. Jh. sagte. Sie alle hatten auch ein Kapitel von Domherren.

185 Bei den Synoden z. B. predigten die »Pontifikalvikare«. Ulrich Sagstätter von Gurk hinterließ eine ganze Predigt-Bibliothek: Gerhard B. Winkler, Nachtrid. Synoden, aaO, 64–66.

186 Konrad I. von Abensberg (1106–1147), Erzbischof von Salzburg, ursprünglicher Anhänger König Heinrichs V., wurde er

kleinerer »Kanonien« wie Seekirchen, Seefeld, Mattsee, Zell am See u.a. Im Stammbaum der großen Augustinerstifte bildete St. Nikola in Passau die »Wurzel« und Salzburg mit dem weißen Kreuz auf rotem Grund den Mittelpunkt von 40 Augustiner-»Stiften«.[187]

(60) Es darf allerdings nicht unerwähnt bleiben, dass der sel. Erzbischof Konrad I. einen wichtigen Vorgänger und Gesinnungsgenossen hatte, nämlich den sel. Gebhard (1060–1088) aus vornehmer schwäbischer Familie, einen direkten Zeitgenossen des hl. Papstes Gregors VII. (†1085) und dessen Verteidiger, der sich bekanntlich mit Festungsbauten behelfen musste und obendrein die anerkannt »beste Prosa« im Streit mit Kaiser Heinrich IV. (†1106) und um Papst Gregor VII. und seine Reformbestrebungen zu schreiben vermochte. Diese konnte sich an argumentativem Niveau, an Höflichkeit und guten Manieren vom Gros der niveaulosen, hasserfüllten Pamphlete seiner Zeit gewaltig unterscheiden, wie das die verdienstvolle Herausgeberin und Übersetzerin der Streitschriften um den Gregorianismus, Irene Schmale-Ott, zeigen konnte.[188]

---

im Laufe der Jahre gregorianisch gesinnt. Er pflegte eine besondere Vorliebe für die Augustiner Chorherren: Das Domkapitel wurde durch die Verleihung des Archidiakonats aufgewertet. Der jeweilige Dompropst war gleichzeitig Archidiakon: Franz Ortner, Salzburgs Bischöfe in der Geschichte des Landes (696–2005), 80–84, 82 f.

187 Gerhard B. Winkler u.a., »Salzburg«, in: Floridus Röhrig (hrgb.), Die ehemaligen Stifte der Augustiner-Chorherren, Klosterneuburg 2005, 15: »Stammbaum gezeichnet von H. Langweiler und A. Karlovsky (1968/70)«: 329–355.

188 Irene Schmale-Ott, übers. und hrgb., Quellen zum Investiturstreit, Bd. 3, Einleitung: 16–20. Text: 120–173. Vgl. die Bemerkung von der »besten Prosa« des kanonistisch hochgebildeten Erzbischofs Gebhard (†1088).

Der sel. Gebhard ist m. W. noch nicht genügend als Förderer der Kanonikerregel und damit als formaler geistlicher Patron auch für den Weltpriesterstand bekannt. Er gab das Zeugnis eines unbeugsamen Dulders in der wohl begründeten Befolgung der Grundsätze Gregors VII. Als solcher war er auch unter Amtsbrüdern eindeutig bekannt geworden. Er nahm einfach an dem unwürdigen Spiel der Papstabsetzung in Worms (1076) und dem *Descende*-Geheul (»steig' herab«) in Bamberg (1080) nicht teil. Denn Hermann (*Germanus*), Bischof von Metz († 1090)[189], der auch in Rom um eine Aufklärung über das rechtliche Verhältnis von *Sacerdotium* und *Imperium* gebeten hatte, wandte sich, wie schon erwähnt, an den kanonistisch geschulten Erzbischof von Salzburg in der Frage des Amtseides, den die Reichsbischöfe dem König und Kaiser geleistet hätten. Gebhard vermied jede Polemik oder auch nur unerleuchtete Parteinahme. Er stellt demnach allerdings fest, dass die versuchte Absetzung des Papstes auf der Synode zu Worms (1076) den Streit um die Investitur durch den weltlichen Herrscher, den Kaiser, zu einem *quasi* unheilbaren Bruch geführt hätte, auf den die feierliche Exkommunikation Heinrichs IV. am 7. März 1080 und die Entbindung seiner Anhänger vom Treueeid erfolgen musste. Im Unterschied von König Heinrich IV. (Kaiser 1084, † 1106) habe sich Gregor peinlich an die große Rechtstradition der Kirche gehalten. Der Papst musste auf die gottesdienstliche Schmähung seines Amtes u.a. etwa in Bamberg (1080) reagieren.[190] Der Verfasser des Gutachtens

189 Michel Parisse, Art Hermann (*Germanus*), Bischof von Metz († 1070), in: LexMA 4 (1989), 2164 f.

190 Irene Schmale-Ott, übers. und hrgb., Brief an Hermann (*Germanus*), Bischof von Metz († 1070), aaO, 143. *Convicia* des Papstes, aaO, 151.

erörtert ausführlich und überzeugend, dass es wenigstens seit dem Martyrium des Täufers nach einem abscheulichen Justizmord (Mt 14,1–12) auch eine unmoralische und daher auch ungültige Eidesleistung geben könne – und tatsächlich gegeben habe.[191] Der prahlerische Schwur des Herodes sei deshalb sowohl dumm und unmoralisch als auch ungültig gewesen. Denn seine Intention, die Überheblichkeit, Eitelkeit und Schamlosigkeit sei als Gotteslästerung und Blasphemie zu werten, weil er nur äußerlich den allwissenden Gott instrumentalisierte, indem er ihn pseudoreligiös vor seine Begehrlichkeit zu spannen versuchte.

Zugegeben, es wäre ein waghalsiges Stück gewesen, in der Hitze des Gefechtes den König in einem Atemzug mit Herodes zu vergleichen. Aber der Autor machte insgesamt überzeugend klar, dass es ihm nicht um Polemik und Rhetorik ging, sondern um das Gewissen des Bischofs Hermann (*Germanus*) von Metz (†1153), der sich an einen ethisch anfechtbaren und obendrein ungültigen Treueid gebunden fühlte.

(61) Dazu bezog sich Gebhard ausführlich auf die vier ersten Ökumenischen Konzilien, das von Nizäa (325), von Konstantinopel (381), von Ephesus (431) und von Chalcedon (451), um zu erläutern, dass der jeweilige Papst in der Tradition der apostolischen Lehre und Autorität stände.[192] Erzbischof Gebhard machte unsere Kanonikerfrage nicht zum direkten Thema seiner Epistel an Hermann (*Germanus*) von Metz (1073–1990). Er konzentrierte sich vielmehr auf das damals Wesentliche, nämlich die bischöf-

191 Ebd., 153–155. Die vermeintliche Pflicht, auch einer rechtswidrige Eidesleistung zu gehorchen, war die Schwäche der Reichsbischöfe, bequemster Weg, das Gewissen zu beruhigen.

192 Ebd., 157–163.

liche Eidesleistung dem Kaiser gegenüber, dessen Feudalgewalt mit der gesamtkirchlichen Autorität und der kanonischen Jurisdiktion des Bischofs von Rom zu kollidieren drohte. Aber durch seine Einstellung, sein Zeugnis und seine Begabung leistete Gebhard von Salzburg (†1088) Vorarbeit für seinen Nachfolger, den Erzbischof Konrad I., einen Grafen von Abensberg (1106–1147).

Das vielleicht berühmteste und unerreichte Vorbild (um es global zu sagen) wären übrigens die Stiftsherren geworden, die sich nach dem Willen des Bischofs von Langres als Erzieher, Instruktoren und »Professoren« einer Art »Knabenseminars«, einer distinguierten »Lateinschule« oder einer besseren »*Prep School*« widmen sollten, um für höhere akademische Studien vorbereitet zu sein. Das akademische Niveau dieser Einrichtung könnte, nebenbei bemerkt, mit der kulturgeschichtlich sagenhaften evangelischen »Schulpforta«, der ursprünglichen Zisterze bei Naumburg im 17. Jahrhundert verglichen werden.

(62) In der Kunst, Dutzende Reformkloster aus dem Boden zu stampfen und zu »regulieren«, kann der sel. Erzbischof Konrad I. von Abensberg (†1147) durchaus mit dem hl. Bernhard von Clairvaux (†1153) als einem um einiges jüngeren Zeitgenossen und mit Norbert von Xanten (†1134) verglichen werden. Es gelang Konrad auch, eine stolze Reihe von kleineren Klöstern zu gründen, um sie gleichfalls als Chorherrnstifte zu »regulieren«.[193]

Ein Vergleich mit der herzoglichen Universität »Tübingerstift«, deren historischer Kern heute noch die Strukturen der mittelalterlichen Kanonikerstifte ver-

193 Elphegius Vacandard, Leben des Heiligen Bernhard von Clairvaux, übers. Matthias Sierp, Erster Band, Mainz 1897, 255–260.

folgen lässt, sei gestattet: Auf einer Anhöhe prangt das repräsentative Verwaltungsgebäude und Zentrum der Universität, ehemals reich bestiftetes Augustiner Chorherrenstift. Etwas tiefer im Tal das ehemalige Augustiner Eremitenkloster, das sog. Tübinger »Stift« schlechthin, das als Schmiede der deutschen Intelligenz im 18./19. Jahrhundert kaum seines Gleichen finden mag.[194] Hier wurde von evangelischen Fürsten Martin Luthers Forderung aus seiner Adelsschrift (»An den christlichen Adel deutscher Nation von des christlichen Standes Besserung«, WA 6, 285–324; 407–444) verwirklicht: »Macht Schulen aus den Klöstern!«[195]

»Es were meynis bedenckens ein nottige ordnung/ beßßondern zu unßern ferlichen zeyten/ das stifft vnnd kloster widderumb wurde auff die weyße verordenet/ wie sie alle frey waren/ ... Dan was sein stifft vnd kloster anders geweßen/ den Christliche schulenn/ ...«[196]

In Stadt und Land Salzburg führte Erzbischof Wolf-Dietrich von Raitenau (†1612) in Erfüllung der Salzburger Synodenbeschlüsse[197] besonders die »Deutschen Schulen«, eine Art Bürgerschulen, ein. Von seinem

194 Vgl. Ulrich Köpf, Bildung im Leben und Wirken der Regularkanoniker, in: Studien zum Bildungswesen, aaO, 53–82, 81. Zur Entstehung der herzoglichen Universität Tübingen auf dem Boden einer kirchlichen Stiftung im »Schloss Hohentübingen«: Ebd., 80.

195 WA 6, 15/28/44.

196 Martin Luther, An den christlichen Adel deutscher Nation... (1520), in: WA 6, 440, Otto Clemen hrgb., Luthers Werke Bd. 1, Bonn 1912, 395. Vgl. Gerhard B. Winkler, Nachtridentinische Schulreform im Land Salzburg nach den Salzburger Synoden (1569, 1573, 1576), in: Historische und rechtliche Aspekte des Religionsunterrichts, hrgb. Alfred Rinnerthaler, Frankfurt / Main 2004, 25–40.

197 Gerhard B. Winkler, Die nachtridentinischen Synoden, aaO, 227–230.

Nachfolger Erzbischof Paris Lodron (1619–1653) wurden die Benediktinermönche zur Führung der noch heute bestehenden Universität angehalten.

(63) Das »Bernhardinische« Stift schlechthin waren im Bistum Langres die Kanoniker von Saint-Vorles/Châtillon-sur-Seine. Dort hatten auch Bernhards Eltern einen ihrer Wohnsitze, nämlich das *Chateau* der Familie.[198] Diese Augustiner müssen hervorragend gewirkt haben, wenn wir Bernhards klassische Bildung bedenken, vor allem seinen blendenden Umgang mit der Sprache allgemein, die seltene Fähigkeit, ständig makellose Kunstprosa zu »komponieren«, in Traktaten, Briefen, Predigten, Ansprachen und »Essays«, in einer erlesenen Beherrschung des lateinischen Idioms.[199] All das dürften auch die besten Pädagogen nicht erzwungen haben. Aber immerhin müssen sie das Naturtalent ihres Zöglings wenigstens erkannt, nicht unterdrückt oder gar in falsche Kanäle gelenkt haben.

Dazu kamen auch lebenslange kongeniale Studienfreundschaften, etwa mit Hughes von Mâcon, dem überaus erfolgreichen späteren Abt von Pontigny[200] und Bischof Wilhelm von Auxerre (†1151), nebst einer Reihe von anderen Kontakten und Freundschaften.[201] Seine lo

198 Elphegius Vacandar, Leben des Heiligen Bernhard von Clairvaux, aaO, 63 ff.

199 Ulrich Köpf, Bildung in Leben und Wirken der Regularkanoniker, aaO, 53–82, 77

200 Hugo von Abt von Pontigny, 1136 Bischof von Auxerre, zunächst Kanoniker von Mâcon: Bernhard von Clairvaux, Sämtliche Werke, lateinisch/deutsch, hrgb. Gerhard B. Winkler, Bd. 2 (1992), Ep. 33, 1–2, in: Werke 2 (1992), 416–419; Ferruccio Gastaldelli, Historischer Kommentar, aaO, 1064 f.

201 »Menschliche Beziehungen«: Alberich Martin Altermatt, Bernhard von Clairvaux, aaO, 54–59.

benslange Wertschätzung für die Kanoniker lässt sich nicht ohne seine guten Erfahrungen als Schüler erklären, aber nicht nur damit. Er hatte, wie wir sehen werden, eine hohe Meinung von der Regel des hl. Augustinus. Unter anderem betrieb Bernhard auch mit ungewöhnlichem Eifer die »Regulierung« seines ehemaligen Schulkonvents, dem er, wie schon gesagt, offensichtlich auch als Lateinschüler unglaublich viel verdankte.[202] Wir gehen aber sicherlich nicht ganz fehl, wenn wir Bernhard auch etwas Prinzipielles nachsagen:

Für den Abt von Clairvaux war die Kanoniker-Regel Ausdruck für den Reformwillen der Kirche und des Klerus überhaupt. Er verfolgte das Ideal der kirchlichen Reinheit, wie es scheint, mit der Glut eines etwas verspäteten »Gregorianers«. Fünfzehn Jahre bevor der große Sohn Aleths, der Gräfin von Montbard, und des Ritters Tescelin das Licht der Welt erblickt hatte (1090/91), starb der hl. Bekenner Gregor VII. († 1085) in der »Verbannung« zu Salerno, wo seine letzten Worte überliefert sind: »*Dilexi iustitiam, nunc autem morior in exilio!*« Die befreundeten Normannen hatten ihn aus der von Kaiserlichen belagerten Engelsburg befreit, aber auch »seine« Stadt Rom nach brutalem Kriegsbrauch geplündert. So konnte er sich vor seinen Römern nicht mehr sehen lassen: »Ich habe die Gerechtigkeit geliebt, nun aber sterbe ich in der Verbannung als Exilant.« Nach menschlichem Ermessen sollte jedoch auch sein Geist im Klerus, in den Herzen des kleinen Mannes und vor allem in den Reformorden lebendig bleiben.

202 »Regulierung« von Vorles in Chatillon (Saint Vorles), der Ausbildungsstätte Bernhards und das »Kleine Seminar« der Diözese Langres, der sich der spätere Abt von Clairvaux zutiefst verpflichtet fühlte. Erster Abt war Nikolaus von Chatillon-sur-Seine. Das Kolleg wurde 1136 »reguliert«. Bernhard, Werke, Ep. 279, in: Werke 3 (1992), 423.

(64) Bernhard kämpfte auch bei seinen Verwandten väterlicherseits, z. B. für seinen Vetter[203] Fulco (Foulques) d'Aigremont gegen die Bestrebungen Willenks (*Guillencus*), des Erzdiakons der Diözese Langres, den jungen Foulques vom reformierten Kanonikerideal durch ein verlockendes Angebot einer diözesanen Karriere in Langres abzuwerben.[204] Bernhards Onkel Willenk war damals Erzdiakon gewesen. Langres darf als »Hausbistum« und *mensa episcopalis* der Familie Bernhards bezeichnet werden.[205] Seine Ep. 2, 1–12[206] an seinen Vetter Fulco ist ein Beleg, dass sich Bernhard nicht nur um seine Zisterziensernovizen kümmerte, falls sie eine mildere Klosterobservanz anstrebten. In unserem Fall versuchte er klarzumachen, dass die Wahl des geistlichen Standes, die ein strebsamer Verwandter unumwunden begehrte, in seinem Fall die Verlockung einer klerikalen Karriere im Bistum Langres geradezu einem Glaubensabfall gleichkomme. Denn auf jedem Fall sei bei den Reformkanonikern besser für sein Seelenheil gesorgt als an der bischöflichen Kurie. Denn: »...*cum perver-*

203 Ferruccio Gastaldelli, Historischer Kommentar zu Ep. 2, 1–12, in: Bernhard von Clairvaux, Werke 2 (1992), 264–284; 1048.

204 Gerhard B. Winkler, Der hl. Bernhard von Clairvaux, Regensburg 2013: »Chatillon-sur-Seine«, aaO, 4 (vermutlicher Geburtsort Bernhards), aaO, 8: »Bekehrung einer Familie«: 1138 nahmen die Stiftsherren die »Chorherrenregel« an. Vgl. auch die Causa Fulco, seines Vetters: Bernhard von Clairvaux, Ep. 2, 8, in: Werke 2, 264–285, 278 f.: »Was geht ihn meine Sünde an? Bin ich etwa ein Mönch?...und so habe ich zugegeben keine Entgegnung ...« – Das waren die Phrasen der karrierebewussten geistlichen Verwandten: Sachregister, Art. »Kanoniker«, in: Werke 2 (1992), ebd., 1170.

205 Bernhard von Clairvaux, Ep. 2, 4, in: Werke 2 (1992), 270 f. »Fulco legte den alten Menschen) ab. Vgl. Sachregister: Stichwort »Kanoniker«, in: Werke 2, ebd., 1170.

206 Bernhard von Clairvaux, Ep. 2, 1–11, ebd.

*so sanctus perverteretur!*«[207] Eine schlechte Umgebung verdirbt die guten Sitten. Es sei eine Tragödie, dass ein altersschwacher Onkel die »Seele des Neffen töte«.[208] Bei seinem Alter müsste er erst recht auf die Gottesfurcht achten. In der diesbezüglichen Stellungnahme sollte zweierlei beachtet werden: Erstens fürchtete Bernhard den schlechten Einfluss seines senilen Onkels auf den jungen Vetter. Zweitens zieht er die »regulierten Chorherren« der Gregorianischen Tradition einfach dem üblichen Kanonikerberuf vor, der ohne ordensähnliche Regel im Sinne der »Lateranensischen« Chorherren auszukommen trachtete. Wenn schon nicht als Zisterzienser, dann möchte Bernhard seinen Cousin doch wenigstens als »regulierten Chorherren« sehen. Das mit dem Verlust des »Seelenheils« scheint zunächst grober »Tobak« gewesen zu sein. Der Abt Bernhard ging allerdings seinen Verwandten mit gutem Beispiel voran. Auch er hätte ja Bischof von Langres werden können. Er lehnte aber ab und ließ seinen Prior Gottfried von La Roche-Vanneau (1138–1163) als Bischof nach Langres gehen. Auch den erzbischöflichen traditionsreichen Stuhl von Reims lehnte er ab; dazu wäre ihm während seines Italienaufenthalts im Schisma um Innozenz II. (†1143) gegen Anaklet Pierleoni (†1138) Mailand angeboten worden, und schließlich die Bistümer Genua und Pisa der im Werden begriffenen italienischen »Stadtstaaten.«[209] Daraus zu schließen, dass dem Abt von Clairvaux das pastorale Apostolat dieser

207 *Cum sancto sanctus efficeretur, quam cum perverso sanctus perverteretur*: Ep 2, 1–12, 7, in: Werke 2 (1992), 264–285, 276.

208 Bernhard, Ep. 2, 7, in: Werke 2 (1992), 276 f.

209 Fünf abgelehnte Bischofsstühle: Langres, Reims, Mailand, Pisa und Genua: Alberich M. Altermatt, Bernhard von Clairvaux. Entschiedenheit in Demut, Freiburg (Schweiz), Würzburg, 1991, 57.

Bischöfe zu mühsam war, wäre sicher eine völlig verfehlte, wenn nicht gehässige Auslegung. Sicher ist, dass sich Bernhard für das Heil seines Ordens überaus verantwortlich fühlte. Hunderte Mönche richtig zu führen war ihm wohl auch Aufgabe seines geistlichen Hirtenamtes gewesen.

(65) Bernhard war sehr zurückhaltend, wenn es darum ging, konkrete »Kanonien« zu nennen, etwa beiläufig die von St. Stephan in Dijon oder die Regulierten Domherren von Lyon.[210] Mit den zuletzt genannten hatte er ja bekanntlich noch nicht die marianische Dogmenentwicklung des 19. Jahrhunderts auszutragen gehabt. Zu Bernhards Zeit gab es noch keine päpstliche Bulle des Papstes Pius IX. (vom 8. Dezember 1854) mit einer formellen Definition des Dogmas von der Unbefleckten Empfängnis (*Immaculata*), wie es schon der Abt von Clairvaux gefordert hätte.[211] Die Lyoner Domherren beriefen sich zu Unrecht auf die Marienlehre des großen englischen Theologen Anselm von Canterbury († 1109). Dieser predigte viel zu den inselsächsischen Bauern, die anders als ihre französisch-normannischen *Overlords* in der Verehrung der *Immaculata* und der Mutter Anna religiös getröstet wurden. Die Schwierigkeit bestand da-

210 Unbefleckt Empfangene (*Immaculata*): Bernhard, Ep. 174, 1–9, in: Werke 2, (1992), 1016–1025. Saint-Etienne (Stephan) in Dijon: Ep 59, in: Werke 2 (1992); Ep 169, 1–2, in: Werke 2, 1004 f.; Ep 234, 1, in: Werke 3 (1992), 254–257; Ep 446, 1, in: Werke 2 (1992), 872 f.

211 Bernhard schrieb bekanntlich den Lyoner Dom-Kanonikern, dass die Frage der Immaculata eine Dogmatische sei, daher vom Papst entschieden werden müsse. Ep 174, 1–9, 9, in: Werke 2 (1992), 1016–1024, 1024 f.: »Vor allem übergebe ich das alles, wie die übrigen Fragen dieser Art, der Autorität und der Prüfung der römischen Kirche und bin bereit, das nach deren Urteil zu ändern, was ich etwa anders verstehe.«

rin, dass die Lyoner wie manch ein Frommer auch die hl. Mutter Anna als *Immaculata* verehrten. Damit war Heiligenverehrung und »Frömmigkeit« einen Schritt zu weit gegangen. Bernhard war da streng mit seinen Kathedralkanonikern, indem er sagte, eine solch schwierige Frage müsse der Papst entscheiden. Die Kirche dürfe aber nicht durch Zwiste im Verständnis von Dogmen gespalten werden.[212] Denn, wie die *Causa* von Lyon zeigt, waren auch »regulierte« Klöster theologisch noch nicht so eindeutig gefeit, wie etwa die befreundeten, hochgebildeten »regulierten« Kanoniker von Saint-Victor in Paris.

Als Bernhard das Bistum Langres seinem Neffen überließ, verfolgte er durchwegs auch gesamtkirchliche Absichten. Denn als Archidiakon des Bistums sollte er zwar sowohl seine Verwandten fördern, als auch in erster Linie tüchtige Kandidaten für die Bistumsleitung gewinnen. Für Bernhard wäre die bloße Aufgabe des Standes eines »Regularen« Abfall von einer Berufung gewesen, die er auch Fulco als Kanoniker nicht zugestehen wollte.[213]

---

212 Bernhard von Clairvaux, Ep. 174, 1–9, heterodoxe Tendenzen in der Lyoner Kanonikerliturgie ist abzulehnen, in: Werke 2 (1992), 1016–1025.

213 Fulco von Aigremont, Vetter Bernhards, jugendlicher Neffe des Archidiakons Guillenc von Langres: Ep. 2, 1–12 in: Werke 2, 264–285. Kommentar von Feruccio Gastaldelli, 1047.

# XXV.

(66) Es kam offensichtlich nicht von ungefähr, dass die Verleugnung der christologischen Lehre von Christus als dem vollen Menschen und wahren Gott (nach der »theandrischen« Formel) nicht nur die alte Christenheit erschüttert hatte, sondern auch in der Lebensweise vieler zeitgenössischer Kleriker ihre dramatischen Spuren hinterließ. Man könnte sagen, je mehr Nizäa (325) abgelehnt, in Frage gestellt und bekämpft wurde, desto mehr wurden von Seiten der Reformwilligen sowohl die *mensa Episcopi* als auch der Zölibat der Priester und die kanonische Lebensweise als notwendige Desiderate gefordert. Das lehrt uns sogar noch die Ketzergeschichte des 12./13. Jahrhunderts, die auch eine ungewöhnliche Blüte der Kanonien und des vielfältigen sonstigen Klosterlebens begleitete, weil Bogumilen, Paulizianer, Waldenser, »Arrianer«, Albingenser und Katharer den Bischöfen und Klostervorstehern das Leben ohnedies schwer genug machten.

Es regten sich rechtgläubige Kräfte. Selbst Abaelard war kein Katharer, aber er, der Benediktinerabt, wurde in Sens 1141 nicht wegen beliebiger Entgleisungen und seiner spekulativen Versuche vom Provinzialkonzil und vom päpstlichem Stuhl zensuriert, vielmehr wegen einer vermutlich gewollten Unkenntnis der alten Konzilsbeschlüsse und der katholischen Glaubensbekenntnisse (der *Symbola*). So stellte er die Christus- und Dreifaltigkeitslehre der großen Glaubensbekenntnisse der alten Konzilien eher eigenwillig und irreführend dar.[214] Daher konnte keine Synode der Weltkirche mehr, kein Papst und kein Bischof in seinen Schriften eine Kontinuität der gemeinchristlichen Glaubensverkündigung erkennen.

(67) Abaelards erste und entschlossenste Gegner waren damals bekanntlich die »regulierten« Augustiner Chorherren von *Saint-Victor* in Paris[215], wie es z. B. der große Scholastiker Wilhelm von Champeaux, der spätere Bischof von Châlons-sur-Marne († 1121), geworden war. Vor allem aber setzte sich der bedeutende Theologe Hughes von Saint-Victor († 1141) in Paris mit Abaelard auch schriftlich auseinander. Der irenische Norddeutsche, höchstwahrscheinlich aus der niedersächsischen Grafenfamilie von Blankenburg stammend, war einer der besten Theologen seiner Zeit.[216] Er veröffentlichte vor allem in der Sakramentenlehre Grundsätzliches.[217] Er woll-

214 Peter Abaelards Werke: Petri Abaelardi, Abbatis Rugensis (St. Gildas), *Opera Omnia, Opuscula et Epistolae,* Tomus Unicus, »Petri Abaelardi ejusque discipulorum Opera, *Theologia Christiana*«, in: J. P. Migne, PL 178, 1113–1330.

215 Lucas Jocqué, Ludovicus Milis, ed., Liber Ordinis Sancti Victoris Parisiensis, in: Corpus Christianorum (CCh), Continuatio Medievalis, 61, Turnholt 1984. Angeblich wurde bei dieser Klosterregel auch der hl. Bernhard von Clairvaux zu Rate gezogen.

216 Keine »*pueri oblati*« in Stiften von beachtlichem Niveau wie Saint Victor in Paris und auch die neuartige Zisterzienserobservanz: Stephan Harding of Cîteaux erlaubte Nivard, dem jüngsten Bruder Bernhards und seiner Bluts-Brüder, wegen seiner Jugend nicht den Klostereintritt. Ulrich Köpf, Bildung im Leben und Wirken der Regularkanoniker, aaO, 53–82, 60.

217 Rainer Berndt, Hugo von St. Victor. Theologie als Schriftauslegung, in: Ulrich Köpf, hrsg., Theologen des Mittelalters. Eine Einführung, Darmstadt 2002: 96–112, 96. »Überragende Gründergestalt« der Schule von Saint-Victor. Hugonis a S. Victore Opera, Bd. 2 (*Opera dogmatica, mystica et Epistolae*), in: PL 176

te aber nicht, dass in seinem Kloster St. Victor wieder ein wilder Gelehrtenstreit losbräche, wie das bei seinem Vorgänger Wilhelm von Champeaux (†1121), dem Konsekrator Bernhards von Clairvaux und dessen väterlich besorgtem Freund, der Fall war (1115). Die Pariser Chorherren hatten gelernt, dass auch Kanonikerklöster nicht mehr vom Streit gelehrter Kombattanten widerhallen sollten. Das war die Lehre, die künftig die Kanoniker in ihrem Hause zu vermeiden trachteten. Daher bemühte er sich, dass das heiße Eisen der Kleinkindertaufe in irenischem Stil behandelt würde, ohne den Namen eines theologischen *adversarius* (wie Peter Abaelard) zu nennen. Der hl. Bernhard übernahm als Freund des Kanonikerstiftes Saint-Victor diese Aufgabe gern und verfasste seinen Brieftraktat Ep. 77, 1–14[218] über die Kleinkinder-

(J. P. Migne), »*De sacramentis Christianae fidei*«, 173–618. Liber Ordinis Sancti Victoris Parisiensis, in: CCh Med, Bd. 61 Turnholt 1984, 15–283. Rainer Berndt S. J. vergleicht den Augustiner Chorherrn Hughes (Hugo) mit Bernhard von Clairvaux: Was Bernhard für das Mönchstum an Gesinnung und Format gewesen sei, das verkörpere Hughes für die Augustiner Chorherren: Art. »Hugo von Saint-Victor«, in: LThK (1996), 311 f. Ulrich Köpf, Bildung im Leben und Wirken der Regularkanoniker, in: Studien zum Bildungswesen der bayerischen Augustiner-Chorherren im Mittelalter und der frühen Neuzeit, hg. v. Gert Melville und Alois Schmid, Paring 2008, 53–82, 60: Das intellektuelle Niveau sei bei beiden gegeben und das ungewöhnlich hoch«. Ders.: »Gebet, Lektüre, Arbeit« als die prägenden Ideale auch der Kanoniker: Ebd., 62. Ferner noch *Tractatus de Baptismo aliisque quaestionibus*, ad Hugonem de Sancto Victore, in: PL 182, 1031–1046.

218 Ep. 77, 1–22, in: Werke 2, 608–641. Der Abt von Clairvaux war bereits bestens über die Lehren Heinrichs von Lausanne (†ca. 1145), Peters von Bruys (ca. †1140) u.a. informiert. Wie er in SC 65, 1–8, in: Werke 6 (1995), 359–369 und in SC 66, 1–14, in: Werke 2 (1992), 370–391 zeigt, konnte er sein bereits vorhandenes Wissen, das für eine gute Ketzerpredigt in Toulouse

taufe unverzüglich. Die Kleinkindertaufe war aus seltsamen Gründen auch von Abaelard abgelehnt worden, als ob er ein Katharer gewesen wäre, was ihm auch seine Kritiker, die Synoden und der Heilige Stuhl nicht vorwarfen, und was er denn doch wirklich auch nicht war.

(68) Bernhard rühmte sich später, dass durch seine Vermittlung Petrus Lombardus (†1160), das junge Genie, um 1136 im Pariser Saint-Victor einen Kostplatz bekam:[219] »*victui necessaria ... provideri eo in cibo*«. Bernhard berief sich auf die Bitte eines »Freundes«, nämlich Humberts, des Bischofs von Lucca (†1137). Dieser habe ihn um Vermittlung einer passenden Bleibe an der Seine für den angehenden großen Scholastiker und späteren Bischof von Paris (1159/60) gebeten. Keiner der Beteiligten, der lombardische Bischof, der Abt von Clairvaux und der damalige Augustiner Chorherren-Propst (bzw. Abt) von Saint-Victor ahnten wahrscheinlich, dass sie

---

gereicht hätte, durch Everwins Schilderung des rheinischen Ketzertums abrunden und festigen.

Der Propst von Steinfeld in der Eifel bei Köln begleitete Bernhard 1147 auf seiner Predigtreise durch die deutschen Lande. Bernhard brauchte sicher auch einen Dolmetsch. Aber in der Ketzerfrage muss die Hilfe für Bernhard und seine Tätigkeit unbezahlbar gewesen sein. Everwin war kritischer Augenzeuge. So konnte er Bernhard die beste Einsicht auf unmittelbaren Kontakt beruhenden Vorgänge liefern. Zusätzlich wurde durch die geschriebene Zusammenfassung eine Phänomenologie der »Ketzer« dem Adressanten geliefert. Dabei war es überaus nützlich, für die Einschätzung des Phänomens gerade im Rheinland, den Zusammenhang mit den Bogumilen des Ostens herzustellen und deren importierte »gnostischen« Doktrin zu beachten.

219 Petrus Lombardus: Bernhard von Clairvaux, Ep. 410, ca. 1134–36, Empfehlung für Petrus Lombardus an Gilduin, Abt von Saint-Victor OSA in Paris, in: Werke 3 (1992), 808 f.; Ferruccio Gastaldelli, Historischer Kommentar, aaO, 1206.

sich anschickten, einem der ganz großen Scholastiker des Jahrhunderts geholfen zu haben. Die Kanoniker von Saint-Victor und Sainte-Geneviève waren auch insgesamt zur »Speerspitze« der großen Scholastik des Mittelalters geworden.[220]

F. L. Cross spricht von einem beachtlichen Einfluss von Clairvaux, besonders des hl. Bernhard auf die Klosterbräuche und »Konstitutionen« (den *Ordo canonicus*), der den urkirchlichen Geist der Gemeinschaft widerspiegeln sollte. Die theologisch sehr versierten Augustiner Chorherren von Saint-Victor in Paris öffneten sich beachtlich diesen hehren Zielen: »*The customs of the house, which were drawn up under the influence of St. Bernhard required considerable prestige.*«[221] Sein Kloster in der Eifel bei Köln war ein Chorherrnstift der Prämonstratenser von großer Strahlungskraft geworden. Mit Abt Everwin von Steinfeld verband Bernhard eine regelrechte Freundschaft. Dieser ermunterte ihn auch,

---

220 Ulrich Köpf, Bildung im Leben und Wirken der Regularkanoniker, aaO, 53–82, 78.

221 F. L. Cross, Art. »Victorines«, in The Oxford Dictionary of the Christian Church, London etc. 1957, 1418. Das dürfte erklären, warum sich der »Sakramententheologe« Hughes von Saint-Victor in einer delikaten theologischen Angelegenheit ausgerechnet an Bernhard wandte. Dieser berichtet davon im Brieftraktat Ep. 77, 1–22, in: Werke 2 (1992), 608–641. Er sollte eine Schrift über ein dogmatisches, dogmengeschichtliches und kontroverstheologisches Problem anvertraut bekommen, nämlich die Notwendigkeit der Taufe «aus dem Wasser und dem heiligen Geist« (Joh 3, 5).
Alles sollte in taktvoller Auseinandersetzung und, ohne den Namen von Peter Abaelard zu nennen, geschrieben werden. Der Abt von Clairvaux genoss in Saint-Victor zu Paris offensichtlich bereits ein beachtliches Vertrauen, während man mit dem hitzigen Temperament des jungen Abaelard keine so guten Erfahrungen gemacht haben dürfte.

das Katharertum zum Gegenstand seiner Predigten über das Hohe Lied zu schreiben.[222]

(69) Auf den eingangs erwähnten Brauch der *mensa Episcopi* hatten sich offensichtlich schon die dienstbereiten »bischöflichen Kleriker« bezogen, wie auch der hl. Hieronymus als Sekretär des Papstes Damasus (†384) einer war. *Man nannte diese Art von Klerikern später Domherren oder »Kanoniker«*. Die Bezeichnung erinnert nur, dass die Lebensweise der Domherren als »reguliert« angenommen wurde, d.h., auch sie lebten nach einer eigenen »*regula*«, die für gewöhnlich bei den Mönchen geläufig ist: Denn das bedeutete ja der griechische Begriff »*kanon*«. Man könnte die eigentlichen »Kanoni-

222 Bernhard von Clairvaux: Ep. 65, 1–8 und 66, 1–14, in: Werke 6 (1995), 358–371/391. SC 64, in: Werke (1993), 346–357: »Über die Füchse im Weinberg« (Hld 2,15). Die »Füchse« sollen gefangen werden, »*non in armis, sed argumentis*«, ebd. SC 64, 8, S. 354 f. SC 65, 1–8: Kritik an der Idee der »Doppelklöster« ohne die offensichtlich empfehlenswerte Distanz: Ep. 79, 2; in: Werke 2 (1992), 660–665. SC 66, 1–14, in: Werke 6 (1995), 370–391: Auseinandersetzung mit den Katharern unter Verwendung der Anregungen des Abtes Everwin von Steinfeld: »*Hi oves sunt habitu, astu vulpes, actu et crudelitate lupi.*« SC 66, 1, ebd. 370 f.: »Heuchelei, Schläue, Grausamkeit.«
In der Frage des »Syneisaktentums« nach 1Kor 7, 36 ff. Daniel Misonne OSB, Art. »Syneisakten«, in: LThK 9 (1964), 1229–1231. Bernhard zitiert hier Paulus, wo es um die Gewissensfreiheit der Wahl entweder eines glaubhaft jungfräulichen Lebens oder einer christlichen Ehe geht.
Der Autor hatte Nachrichten von seinem Freund Evermond von Steinfeld (†1151/53) erhalten, die ihn zur Vorsicht ermahnten: Nicht nur die Wölfe seien gefährlich, auch die Füchse führten zur Selbsttäuschung. Es war das Problem, das anfangs auch der hl. Norbert mit seinen Prämonstratensern lösen musste, bis er sich nach böser Erfahrung entschloss, doch eine konsequente Klausur einzuführen.

ker« auch »Regularen« nennen, obwohl sich dieser Begriff nicht allgemein durchgesetzt hat.

In Rom waren es nebenbei die suburbikanischen Bischöfe, die Vorläufer des Kardinalskollegiums unter dem Vorsitz eines später hochrangigen »Kardinalbischofs« von Ostia, die eigentlich nach uraltem Brauch zur *mensa Papae* gehörten. Die Tischgemeinschaft der Priester im Haushalt auch des römischen Bischofs diente als wichtige Voraussetzung für den frühen Priesterzölibat vor und nach der Synode von Elvira (306).[223] Dieses »Konzil«, unmittelbar vor der »Konstantinischen Wende«, erhob in Can. 33 unter Strafe des Amtsverlustes die Forderung nach »*continentia*«. Strengere Kirchenstrafen, wie sie sonst nur für Apostasie und Ehebruch vorgesehen waren, wurden auch für den Bruch der priesterlichen Zölibatsverpflichtung verhängt. Ja, die »*reconciliatio*« wurde im Heldenzeitalter der ersten Christen sogar den künftigen Märtyrern bei offensichtlicher Todesgefahr verweigert. Diese Härte wurde als »disziplinarisch« aufrecht gehalten, obwohl sie den Betroffenen nicht unbekannt war.

(70) Andreas Redtenbacher Can. Reg. betrachtete das Ideal der kanonischen Ehelosigkeit und das der Gemeinschaft am »Tisch« des Bischofs m. E. mit Recht als »logische, praktikable und innerlich zusammengehörige« Komponenten.[224] In einem geschichtlichen Überblick über das Verhältnis von Priestertum und Mönchsleben verdient unter den lateinischen Kirchenvätern Ambrosius (†398), Augustinus (†430), Gregor I. der Große

223 Ebd., Art. »Elvira, Council of«, 448: Canons about »apostacy, adultery, continence of the clergy«.

224 Andreas Redtenbacher, Augustiner Chorherren (2007), aaO, 93.

(†604) und der hl. Hieronymus (†420) eine besondere Aufmerksamkeit. Nach heutigem Standpunkt müsste man sagen, dass der letzte, der Schöpfer der lateinischen Vulgata-Bibelübersetzung, alles andere als ein üblicher Mönch war, zumindest war er ein Mönch besonderer Art. Er war sicherlich ein genialer Exeget, ein Philologe und Handschriftenkenner ersten Ranges, der die Hexapla des Origenes noch kannte und textkritisch auswertete, ein überdurchschnittlich fähiger Latinist, der die Sprache nicht nur fehlerfrei, sondern auch ansprechend ästhetisch beherrschte; er war Gräzist, was Augustinus z. B. nicht war, und Hebräist; er war als höherer Kleriker beim Spanier Papst Damasus (†384) als Privatsekretär tätig gewesen und hatte, sozusagen, auch kuriale Karriere gemacht. Er hatte für seine Person eine Zeit lang im Klosterleben Erfahrungen gesammelt. Schließlich wurde er angesehener »Spiritual« von Klosterfrauen für drei Nonnenklöster im Heiligen Land und fungierte eine Zeit lang als leitender Abt eines Männerklosters zu Bethlehem.[225] Als Gelehrter war er ein echter »Kirchenvater«, was die Weitergabe der christlichen »*Paradosis*« anlangte. Von seiner stupenden Bildung abgesehen, war er zumindest kein durchschnittlicher »Augustiner«-Chorherr im gewöhnlichen Sinn.

Aber er wurde Beispiel gebend und Vorbild für viele Theologen auch der Neuzeit. Für Erasmus von Rotterdam (†1536), übrigens selbst ein ursprünglicher Augustiner Chorherr (von St. Gregor in Steyn bei Gouda),

225 F. L. Cross, The Oxford Dictionary, aaO, Art. »Jerome, St.« , 719 f., 719.
Der spätere Erasmus (†1536) verehrte Hieronymus auf alle Fälle als sein wissenschaftliches, geistliches und menschliches Vorbild. Das galt auch besonders, als er sich von seinen Gelübden als Regularkanoniker vom Heiligen Stuhl (1517) hatte entbinden lassen.

war er Inbegriff und Vorbild eines gelehrten Christen, ein »Chorherr«, wie er es sein sollte. Damit haben wir uns in die Rezeptionsgeschichte begeben. Der Leser möge den Gedankensprung von 300 Jahren tolerieren und bedenken, dass in dieser Zeit auch seine lateinische Bibel, die Vulgata, nicht verschwunden war, sich vielmehr in einem schöpferischen Schlaf befand, aus dem sie mit Gutenbergs Bibeldruck (1457) zu Beginn der Neuzeit ein stürmisches Erwachen ohnegleichen erfuhr: Es kam zur gründlichen Revision der Vulgata durch Erasmus von Rotterdam (1516, †1536). All das führte zu gedruckten neuen Textausgaben und schließlich zu Martin Luthers (†1546) Lebenswerk auf der Wartburg: nämlich die deutsche Übersetzung aus dem Original, die er als säkulares Ereignis schuf. Sein Landesherr Kurfürst Friedrich III. der Weise (†1525) aus dem Hause der Wettiner hatte die Zurückgezogenheit (und »Schutzhaft« seines Reformators) auf der Wartburg (1521) verfügt.

# XXVI.

(71) Als der hl. Rupert von Salzburg etwas vor 711, aus der *Germania inferior* (präziser aus dem Bistum Worms) zu den Bayern-Herzogen nach Regensburg kam, hatte er zunächst die Bekehrung der Awaren östlich der Enns im Auge und eingeplant. Aber die Vorsehung, deren gute Missionare immer bedürfen, führte ihn und seinen Nachfolger Virgil zu den Karantanen, im späteren Innerösterreich, und zwar dem heutigen »Kärnten«. So wurde die Slawenmission seine und seiner Gefährten Lebensaufgabe.[226] Dabei konnte er, was die Klöster anlangte, durchaus auf das geistliche Erbe des hl. Severin von Norikum († 482) und seine Gründungen zurückgreifen. Übrigens berichtet Herwig Wolfram, dass Severin ein »Aussteiger« aus einer der ersten römischen Senatorenfamilien gewesen sei, die auch mit denen »des Boethius und vielleicht auch des Symmachus« verwandt gewesen seien.[227] Boethius selbst war Konsul und konnte diese sehr gewichtige

226 Bischof Virgil (*Fergal* der Geometer) schickte Modestus, einen seiner besten Mitarbeiter zu den Karantanen, wo er unweit des Zollfeldes Maria-Saal als Nationalheiligtum der Slawen gründete, nachdem er aus der Chiemseeinsel zwei karantanische Prinzen und Geiseln Cheitmar und Cacatius durch seinen Chorbischof im katholischen Glauben erziehen hatte lassen: Heinz Dopsch, Art. »Kärnten«, in: LexMA 5 (1991), 1002–1008, 1003.

227 Herwig Wolfram, Kap. »Severinus von Noricum«, in: Grenzen und Räume. Geschichte Österreichs vor seiner Entstehung, Österreichische Geschichte (378–907), Wien 1995, 46–53, 47.

Würde auf seine beiden Söhne, die sich noch im Knabenalter befanden, vererben.

Auch die anstehende Mission bei den »Karantanen« in Kärnten wurde nicht unwesentlich von Gestalten getragen, die noch der Tradition des »Severinischen« Mönchstums zumindest nahe standen. Dieses mag vielleicht als Vorform des »Kanonikertums« angesprochen werden. Eutychius, der Verfasser der *Vita Severini,* nannte diese Salzburger »Kirchendiener« jenseits der Salzach im Bereich der heutigen Salzburger »Linzerstraße« etwas unbestimmt »*viri spirituales*«.[228] Der hl. Severin, spätantiker »Nothelfer«, betätigte sich selbst im Bereich der Provinz Noricum als Klosterfreund und Klostergründer. Er brauchte sie schon nebenbei als umfassende Herbergen, als »Stützpunkte« für Leib und Seele bei seinen ausgedehnten apostolischen und diplomatischen Reisen. Das sollte wohl auch geistlich und liturgisch verstanden werden wie bei allen Klöstern aller Zeiten. Der Apostel brauchte auch selber solche Stätten des »täglichen Brotes«, der geistlichen Nahrung im zweifachen Sinn der Vaterunser-Bitte (Mt 6,11; Lk 11,3). Diese Labung konnte u.a. auch die Gemeinschaft der »Spiritualen« von *Iuvavum,* wer immer sie waren, bieten – im Bereich der heutigen Linzerstraße am nördlichen Ufer der Salzach.

(72) Manches, nicht nur der lateinische Name spricht dafür, dass der hl. Modestus (†763) von Mariasaal im

228 »... in conspectu trium spiritualium«: Eugippius, *Vita Sancti Severini* ed. Franz Unterkircher, Graz 1982, 25 ff.; 57 f. XIII.: Abend – Vesperandacht in Iuuauo (Salciburc):
Lichtwunder: »*Mox igitur in conspectu trium spiritualium qui aderant tunc virorum cereus, ...*« Eugippio Abbate, Opere, ed. Giorgio Fedalto, *Strittori della Chiesa di Aquileia,* Roma 2012, Cap. 13, 1, 92 f.

Zollfeld doch zumindest ein geistiger Nachkomme der Salzburger Romanen war.[229] Auf alle Fälle hatte das bischöfliche Kapitel des hl. Rupert (†716)[230] bis zu den hll. Bischöfen Virgil (†784)[231] und Winfried/Bonifatius[232] entscheidend, wenn auch anonym, bei der ersten Christianisierung mitgewirkt. Das gilt auch für den Umstand, dass der hl. Rupert auf die Mithilfe eines Gremiums angewiesen war, wobei nicht eindeutig klar wird, ob die Helfer Mönche oder »Weltkleriker« waren, auf deren Dienste man angewiesen war. So könnte das Beispiel der ersten Bischöfe Salzburgs, der hll. Rupert und Virgil, die fließenden Übergänge vom »*Kanonikertum*« zu den Mönchen und umgekehrt illustrieren. Die Kanoniker lebten offensichtlich nach monastischer Art; die Mönche betätigten sich als Priester, indem sie als unmittelbare Gehilfen der Bischöfe wirkten.

(73) Die weit über die ganze Großdiözese verstreuten Chorherrenkapitel sollten das »regulierte« Domherrenkapitel eines Spätgregorianers, des sel. Konrad I., Grafen von Abensberg, Erzbischofs von Salzburg (†1147), als Vorbild erleben und anerkennen: Der Fürsterzbischof konnte sich wie ein »Generalabt« der 14 bzw. 17 mehr

229 Modestus von Mariasaal: Gerhard B. Winkler, Modestus, Apostel der Karantanen: Ein Heiliger Europas? (757–763). MS. Ich versuchte bei diesem Vortrag am 23. November 2007 in Mariasaal die Gründe für die romanische Herkunft darzulegen, ohne die Möglichkeit einer irische Abstammung, dem lateinischen Namen zum Trotz, von vorne herein abzulehnen:
Gerhard B. Winkler, Fünftes Kapitel: Modestus von Mariasaal, in: Monastikon. Beiträge zum Umfeld des Zisterzienserordens, zu seiner Theologie und Spiritualität, Aachen 2012, 69–103.

230 Herwig Wolfram, Art. »Rupert«, in: LexMA 7 (1995), 1106.

231 Friedrich Prinz, Art. »Virgil«, in: LexMA 8 (1997), 1711 f.

232 Josef Semmler, Art. »Bonifatius (Winfrid)«, in: LexMA (1983), 417–421.

oder weniger unterstellten »Propsteien« von Regularkapitularen fühlen: Diese waren etwa Suben und Reichersberg in der damaligen Diözese Passau; Au, Gars, Baumburg und Weyern am Salzburger Innbogen im späteren Bistum Freising, auch auf uraltem hochstiftlichen Boden Salzburgs, dazu Höglwörth und St. Zeno Reichenhall; Bischofshofen im Pongau und Zell am See im Pinzgau; dazu kam Maria Saal, die Begräbnis- und Kultstätte des hl. Modestus, der Bischofsitz Gurk in Kärnten und in der späteren steierischen Mark: der von Seckau; dazu noch die ordentlichen Bistumskapitel Lavant und Chiemsee; das Kapitel von Vorau in der nordöstlichen Steiermark und schließlich das Salzburger Domstift und Kathedralkapitel. Das Salzburger Vorbild machte Schule: z. B. in Reichersberg und Ranshofen im heute zu Österreich gehörigen Innviertel (seit 1779), in Waldhausen (im unteren Mühlviertel), in Herzogenburg[233] und Klosterneuburg im heutigen Niederösterreich unweit von Wien: Sie alle bildeten Chorherrenkapitel, meist im Lauf der Jahrhunderte mit einem Kranz von Pfarreien umgeben, welche die Kapitel nicht immer nur mit Stiftsherren betreuen ließen. Es wurden nicht nur in Notzeiten auch fremde Geistliche als Pfarrer »präsentiert«.

(74) Konrad I. von Abensberg (†1147) berief, wie wir schon erwähnte haben, einen charismatischen Augustiner Chorherrn ersten Ranges für sein gigantisches Gründungswerk: Das war Gerhoch von Reichersberg (†1169), den Zeitgenossen Bernhards von Clairvaux (†1153).[234]

233 Walter Hessler/Wolfgang Payrich/Gerhard Egger u.a., Stift Herzogenburg und seine Kunstschätze, St. Pölten/Wien 1982, 7–31.

234 Bernhard von Clairvaux und Gerhoch von Reichersberg: Dieser sage auch, dass ihm die Regel des hl. Benedikt lieber sei als »*coutumes modernes*«, aber entscheidend sei die jeweilige Regeltreue: Jean de la Croix Bouton, Bernard de Clairvaux, Paris 1953,

Dazu kam später auch die Fürstpropstei Berchtesgaden, die trotz der Reichsfreiheit mit dem Erzbistum nachbarschaftlich und liturgisch (d.h. in »Fest und Feier«) verbunden war. Der Erzbischof pflegte bei Feierlichkeiten wie etwa auch Synoden den Fürstabt bzw. den »hochstiftlichen« Propst von Berchtesgaden nach Salzburg einzuladen.[235]

Im Briefcorpus des hl. Bernhard spielt unser Rahmenthema des unterschiedlichen Charismas und der verschiedenen Spiritualitäten eine gewichtige Rolle. Die jungen Kandidaten des Klosterlebens ließen sich öfter von der Strenge der Zisterzienser abschrecken, vielfach waren es auch die Verwandten, die ihren Sohn oder Neffen für eine kirchliche Karriere, aber nicht so sehr für das entsagende Mönchstum gewinnen wollten. Das »Hausbistum« Langres der Familie Bernhards allerdings brauchte auch als solches geeignete Kandidaten für die wichtigen Stellen, die das Bistums zu besetzen hatte. Das war auch der Grund, warum Bernhards Onkel, der Erzdiakon von Langres, seinen Neffen Bernhard lieber an

62. »Companons de lutte.« Ebd., 268–271: Hughes de Saint-Victor, Rupert de Deutz, Norbert von Xanten, Philippe de Harvengt, and Anselm von Havelberg. Ketzereienkatalog: Kölner Freund Bernhards und Berater bei seiner Kreuzzugspredigt Die Kriterien der ketzerischen Lehren deuten auf orientalischen Ursprung. Diese deckten sich auffällig mit dem Katharismus von Toulouse, Albi, Piemont, Le Mans (Grafschaft Maine) und Köln etc. Die Regel des hl. Augustin, soweit wir sie kennen, bestehe aus diversen patristischen Texten: Ebd.: 266, Anm. 22. 268–270: »Bernard et la Reforme des Clercs«: Gerhoch von Reichersberg machte seine Kloster zur exemplarischen Bildungsstätte in der Diözese Passau: Um den Text der Regel des hl. Augustin musste noch gerungen werden. Denn es fehlten noch die Texte wie bei den Benediktinern

235 Gerhard B. Winkler, Die nachtridentinischen Synoden im Reich, aaO, 75: Die Augustiner Propstei Berchtesgaden war seit 1559 ein gefürsteter »Reichsstand«.

einer deutschen Kathedralschule gesehen hätte denn als Mönch von Cîteaux.[236] Wohl auch deshalb kämpfte Bernhard als gebrannter Beteiligter mit all seiner Überredungskunst um die »Seelen« der jungen Kandidaten und ihre Bestimmung, die als Willen Gottes erkannt zu haben, er überzeugt war. Seine Sicherheit des Urteils muss schon auf seine Zeitgenossen wie ein Zauber gewirkt haben. Dabei warb er nicht nur für Clairvaux, sondern auch für die Kanoniker nach der Regel des hl. Augustinus (†430), wenn er es für angebracht hielt.

(71) Die »regulierten« Domherren sollten als Speerspitze der gregorianischen Reform fungieren. Die »Herrlichkeit« der »regulierten« Chorherren hatte in Salzburg bis 1514 gedauert.[237] Die Mehrzahl der adeligen Domherren beklagte sich, dass sie nicht wie andere Amtsgenossen der Kirchenprovinz Salzburg – rings um – viele vermeintliche Freiheiten genießen könnten. Vor allem ging es wie immer primär um das »Armutsgelübde«. Die »regulierten« Chorherren von Salzburg mussten, wie wir schon zeigten, mit einem beschränkten Taschengeld

---

236 Bernhards von seinem Oheim geplante »Kavalierstour« in eine höhere Bildungsstätte im Reichsgebiet etwa nach Köln oder Mainz kam nicht zustande. Jean de la Croix Bouton, ed., Bernard de Clairvaux, Paris 1953, 33: »Vilain de Aigremont, archidiacre et bientôt évêque de Langres, son propre oncle,... procurer á Bernard une gloire mondaine...a un voyage en Allemagne,...« Der Erzdiakon fühlte sich als Protektor der Familie Bernhards, für die ihrerseits das altehrwürdige Langres ein »Hausbistum« war. Wie wir sehen, lehnte Bernhard diese Einflussnahme auf seinen Werdegang ab: von der geplanten Kavaliers-Tour ins Rheinland bis zur vorgesehenen Bischofsernennung seiner Person.

237 Gerhard B. Winkler u.a., Art. »Salzburg«, in: Die ehemaligen Stifte der Augustiner-Chorherren in Österreich und Südtirol, hrgb. Floridus Röhrig, Klosterneuburg 2005, 329–355, 333–336.

pro Jahr das Auslangen finden, während sich die meisten ihrer benachbarten Kollegen in Passau, Freising, Brixen und Regensburg eines freien Zugangs zu den Einkünften aus ihren üblicherweise ertragreichen Pfründen erfreuen konnten. Zum mittelalterlichen »Charisma« der Salzburger Kanoniker gehörte neben einer hochstehenden Domliturgie eine vielleicht nur durch die Abtei St. Peter übertroffene Schreibschulen-Qualität und die Betreuung und Finanzierung großzügiger Hospitale und Krankenhäuser im Stadtzentrum.[238] Ihre »Spiritualität« bestand immer noch im Bemühen um eine Befolgung der Evangelischen Räte. Die Residenzpflicht wurde vergleichsweise streng eingehalten. Die ansonsten häufig geübte Kumulierung von Pfründen wurde weithin verhindert.

(72) Deshalb ist es vielleicht auch kennzeichnend für den Zeitgeist, wenn nicht nur die Landesfürsten Martin Luthers und seiner Gesinnungsgenossen »säkularisierten«, sondern auch führende Katholiken und Befürworter einer konsequenten Gegenreformation: Matthäus Kardinal Lang von Wellenburg (†1540) förderte allerdings die »Säkularisation« seines Domkapitels nicht aus reformerischen oder gar religiösen, sondern aus handfesten politischen Gründen, nämlich aus Gründen der Karriere eines nicht ganz zu Unrecht selbstbewussten Emporkömmlings aus zunächst nicht adeligem Stand. Das soll

238 »Kanonikale« Krankenhäuser in Salzburg gab es im Bereich des gegenwärtigen Kapitelplatzes. Die sehenswerte spätgotische Anlage eines »Bürgerspitals« findet sich heute noch am westlichen Ende der Getreidegasse vor dem Neutor, direkt an die heutige Pfarrkirche St. Blasius (Bürgerspitalgasse 2) anschließend. Das Allgemeine Krankenhaus, das heute noch verwendet wird, war von den barocken Fürsterzbischöfen des 17./18. Jahrhunderts gestiftet worden.

nicht heißen, dass er nicht auch von der Richtigkeit seiner konfessionspolitischen Einstellung überzeugt gewesen wäre. Seine Kapitulare, obgleich seit dem Hohen Mittelalter »regulierte« Augustiner, waren gewohnheitsmäßig von uraltem Adel. Die Mehrheit der Kanoniker versprach, ihn zum Erzbischof zu wählen, wenn sie nicht mehr nach dem Vorbild der meisten Domkapitel des Reiches »reguliert« würden. Das hieße, dass vor allem die Pfründenkumulation mit langen Absenzen in anderen Domkapiteln erforderlich gewesen wäre. Die liberalen Kanoniker strebten demnach gesteigerte Einkünfte an.

Ein Teil der Salzburger Domherrn alter Schule jedoch protestierte dagegen: Der alte Erzbischof Leonhard von Keutschach (†1519) verfügte, dass er im Augustinerhabit begraben würde. Der Dompropst Rudolf von Kuenburg wurde sogar in Rom vorstellig. Er suchte an, das Ordensgewand unter seiner neuen Robe tragen zu dürfen. Der Kapitelsenior Balthasar von Stubenberg weigerte sich, den Vertrag mit Kardinal Lang zu unterzeichnen. Er lehnte es ab, Neffen im Sinne des »säkularen« Nepotismus zu protegieren. Ein Kanoniker berief sich sogar auf ein Gelöbnis, das er in einer schweren Krankheit abgelegt habe. Er könne dieses nicht einfach brechen. [239]

(73) Der betagte Erzbischof Leonhard machte die Uneinigkeit unter den Domherren für die »Säkularisation« des Kathedralkapitels verantwortlich. Der Domdekan Andreas von Trautmannsdorff, Vertreter eines adeligen Lebensstils unter den Domherrn, war dagegen ein glühender Vertreter der Säkularisation. Er hatte das re-

239 Gerhard B. Winkler, Waltraut Krassnig, Katherina Brandes, Kapitel »Salzburg«, in: Die ehemaligen Stifte der Augustiner Chorherren in Österreich und Südtirol, hrgb. Floridus Röhrig, Klosterneuburg 2005, 329–355, 335.

gulierte Kanonikertum eine »Phantasterei«[240] genannt, ein Hirngespinst der bigotten »Minderheit«. Der Kapitelsenior Balthasar war auch nicht bereit, wie üblich einen Neffen für das Kapitel vorzuschlagen.[241] Dass die Zeitgenossen, übrigens auch maßgebliche Kanoniker, die Vorgangsweise des Kardinals Matthäus für eine unkirchliche Maßnahme hielten, mag sich u.a. auch darin zeigen, dass es reformgesinnte Erzbischöfe bereits des 17. Jahrhunderts schließlich für erforderlich hielten, einfach ein zweites tridentinisch gesinntes und qualifiziertes Kapitel neuer Art zusätzlich neben dem »säkularisierten« adeligen einzurichten, nämlich das sog. »Schneeherrenkapitel«, das bis zur eigentlichen Säkularisation von 1806 auch kirchenrechtlich abgesichert war. Der Name stammt vom prächtigen Seitenaltar auf der Epistelseite des Salzburger Doms, der dem legendären Mysterium »Mariä Schnee« von Maria Maggiore in Rom geweiht war. Dadurch war auch bei liturgischen Feierlichkeiten der Konfliktfall mit dem säkularisierten Domkapitel umgangen. Das »Schneeherrenkapitel« leistete seit dem 17. Jahrhundert das, was sich die Väter des Konzils von Trient von einem Domkapitel erwarteten. Sie waren in der Regel hochgebildete, geschäftstüchtige und sittlich einwandfreie »Assistenten« der Erzbischöfe geworden. Für das alte Kapitel hatte sich bereits das Schlagwort eingebürgert: Die Domherren von Salzburg seien unverbesserlich in einem »nicht reformierbaren Erzkapitel«.[242] Oder etwas vulgärer ausgedrückt: Bei diesen hochadeligen Herren sei »Hopfen und Malz« verloren, d.h., vom Geist des

240 Ebd.

241 Ebd.

242 Gerhard B. Winkler, Waltraut Krassnig, Katherina Brandes, Kapitel »Salzburg«, aaO, 329–355, 336.

Augustinischen »regulierten« Kanonikertums sei keine Spur mehr zu finden!

Die neuartigen Domherren im Geiste der Katholischen Reform überlebten allerdings sogar das Zeitalter der Aufklärung, des Josephinismus und der Revolution. Das obligatorische Adelskapitel wurde nicht mehr zum Leben erweckt. Eine gewisse postrevolutionäre Traumatisierung des Fürstbischofs Leonhard von Keutschach (†1519) war andererseits bestehen geblieben. Das versteht sich eigentlich von selbst. Mit seinem Schmerz war allerdings die Ehre vor Gott und den Menschen gerettet.

# XXVII.

(74) Der Kardinal Matthäus Lang von Wellenburg (1519–1540), in jüngeren Jahren kaiserlicher Rat und Bischof von Gurk (1505–1519), seit 1511/1112 Kardinal von des Kaisers Maximilian I. (†1519), des »Letzten Ritters«, Gnaden, war bekanntlich ein Mann von Welt, ein talentierter Staatsmann und gleichzeitig einer der schärfsten Gegner der Reformation Martin Luthers.[243] So organisierte er bereits 1525 den Zusammenschluss der bayerischen Wittelsbacher, einer Zahl von zwölf süddeutschen Hochstiften und der habsburgischen Erb- und Kronlande im »Regensburger Konvent« zur sog. Regensburger »Einigung«.[244] Die Hochstifte standen naturgemäß ihrerseits für bestimmte Räume des Reichs, die durch Sprach- und Kulturgrenzen gekennzeichnet waren: das

243 »Reformkonvent 1524 zu Regensburg«: Johann Sallerberger, Der Salzburger Erzbischof Kardinal Matthäus Lang von Wellenburg (1519–1540). Sein Leben und sein bischöfliches Wirken im Erzstift Salzburg bis zum Ende des 2. Salzburger Aufstands 1526, , Habilitation an der Theologischen Fakultät der Universität Salzburg, Bd. 1., Salzburg 1987, 233–242.

244 Gerhard B. Winkler, Der Regensburger Konvent (27. Juni – 7. Juli 1524) und die deutsche Glaubensspaltung, in: Schriftenreihe der Universität Regensburg, 3 (1980), hrgb. Dieter Albrecht etc., Regensburg 1975; und in: *»Reformatio Ecclesiae«*, hrgb. Remigius Bäumer u.a. in: Fs. Erwin Iserloh,: Paderborn 1975, 413–425. Gerhard Taddey (Hrgb.), Art. »Regensburger Konvent«, in: Lexikon der deutschen Geschichte, Stuttgart 1979, 991 f.
Gerhard B. Winkler, Das Regensburger Religionsgespräch 1541, in: Regensburg-Stadt der Reichstage, hrgb. Dieter Albrecht, Regensburg 1980, 9–24.

Bistum Straßburg repräsentierte gewissermaßen das Elsass; das von Konstanz und Basel den vorderösterreichischen Raum bzw. die Schweiz; die Hochstifte Trient und Brixen wirkten für Tirol; Wien war kirchlich und kanonistisch noch im wesentlichen passauisch, aber das winzige Stadtbistum diente schon (seit 1471) als ein »Hofbistum« (seit 1471) für die *Casa d'Austria*; Salzburg als bedeutender Reichsstand unter anderem auch für das habsburgische Innerösterreich (d.h. im wesentlichen Kärnten und Steiermark), dazu Bamberg für Franken, Speyer für die Pfalz und Augsburg für Teile des schwäbischen Vorderösterreich und das bayerische Schwaben.[245]

Evangelische Kirchenhistoriker sehen in der »Regensburger Einigung« nicht so sehr eine Defensivmaßnahme, einen Akt der Selbstverteidigung oder ein Erwachen des kirchlichen Widerstandes gegen den Protestantismus als vielmehr die beklagenswerte endgültige Spaltung der christlichen Konfessionen und des Heiligen Römischen Reiches deutscher Nation.[246]

(75) Dieser Regensburger Fürstenbund sollte nach dem Willen ihrer Initiatoren als Schutz- und Trutzbündnis die

245 Gerhard Winkler, Der Regensburger Konvent (1525), aaO, 417.

246 Aus der Schule Leopolds von Ranke († 1886): Walter Friedenburg, Der Regensburger Convent von 1524, in: Historische Aufsätze zum Andenken an Georg Waitz gewidmet, Hannover 1886, 502–539.
Grete Mecenseffy, Geschichte des Protestantismus in Österreich, Graz 1956, 414: Der Konvent von »Regensburg«, d.h. Langs »kleiner Reichstag«, sei an der Glaubensspaltung als »Reichsspaltung« erst so richtig schuldig geworden.
Das katholische »Freitagsfasten« und die Observanz der Quadragesima wurde noch durch Jahrhundert auch von der weltlichen Obrigkeit sanktioniert. »*Secular authorities*«: Vgl. F. L. Cross, Oxford Dictionary of the Christian Church, aaO (1957), Art. »Lent«, 797 f.

Expansion des reformatorischen Siegeszuges aufhalten: An kirchlichem »*vasten, betten und opfern*«[247] dürfe nicht gerüttelt werden, hieß es demonstrativ. Das allgemeinene Sündenbekenntnis ersetze nicht die Einzelbeichte. Man wage außerdem nicht ohne vorhergehende Beichte zu kommunizieren. In der Frage der Bücherzensur sei besonders auf die Flugschriften (»*schandgeschriften*«) zu achten. Spottgedichte bzw. Spottlieder der Scholaren und Bänkelsänger sollten in ihrer Wirksamkeit nicht unterschätzt werden. Wittenberger Absolventen und Theologiestudenten dürften keine kirchliche Pfründe mehr verliehen werden. Die Entsendung von Landeskindern zum Studium in Wittenberg müsse strikt verboten werden.

Prediger und Pastoren, die vor allem in der evangelisch gewordenen Reichsstadt ausgebildet worden waren, durften nicht in Territorien katholischer Fürsten entsandt werden.[248] Trotzdem konnten 150 Kandidaten aus dem Regensburger Alumnat des aus dem ehemals sorbischen Köthen in Anhalt stammenden Nikolaus Gallus (+ 1570) Luthers Thesen in den österreichischen Erblanden verbreiten.[249] Der ganze Apparat von »*hofräten, haupbtleuten, viztumben, vögten, phlegern und andern unsern amtleutten*« hätten nach Auffassung des Kongresses aufgeboten werden müssen, um gegenreformatorisch wirksam zu werden.[250] Das war die Tragödie

247 Gerhard B. Winkler, Der Regensburger Konvent, Bd. 1, aaO, 419–420, 414, 419. Georg Pfeilschifter, Acta Reformationis Catholicae, Bd. 1, aaO, 331.

248 Ebd.

249 Matthäus Simon, Art. »Gallus, Nikolaus«, in: RGG, 2 (1958), 1197. Vgl. ebd. Regensburger Konvent.

250 Gerhard B. Winkler, Der Regensburger Konvent, aaO, 419–420. zitiert nach der Edition: Acta Reformationis Catholicae (ARC), Bd. 1 (1520–1532), hrgb. Georg Pfeilschrifter, Regensburg 1959, 294–393, 332; 332–344.

des »*Primas Germaniae*«, der offensichtlich noch 1524 glaubte, man könne die Glaubensspaltung mit den geballten Mitteln der fürstlichen Exekutivgewalt verhindern. Vorbild wurde damals der konfessionelle Absolutismus der bayerischen Wittelsbacher. Diesen vertrat nach 1550 beispielgebend Herzog Albrecht V. (†1579), der bekanntlich Schwiegersohn des Habsburger Kaisers Ferdinand I. (†1564) geworden war.[251]

(76) Ein guter Schüler des Erasmus von Rotterdam (†1536) wie der hl. Petrus Canisius (†1597) oder auch der hl. Ignatius von Loyola (†1556) selbst hätten nichts von den Vorkehrungen des Salzburger Fürst-Erzbischofs gehalten. Dafür hätten sie die Gassenkinder im Katechismus unterrichtet und die vermeintlichen Hexen getröstet wie Friedrich Spee von Langenfeld S.J. (†1635 in Trier)[252], der Verfasser der »Trutznachtigall« und der revolutionären *Cautio Criminalis* (1631). Durch aufbauende Glaubenspredigten konnte er mehr als zwei Dutzend Pfarreien wieder zur alten Kirche bekehren.[253] Auf all das scheinen die katholischen Fürsten beim »Regensburger Konvent« (1524), dem kleinen »Konfessionsreichstag«, vergessen zu haben. Mit dieser Mentalität im Herzen wird es verständlich, dass auch der Koadjutor Matthäus Lang, politisch kalkulierend, auf den Sta-

251 Hans Rall, Art. »Albrecht V.«, in: LThK 1 (1963), 291. Karl Brandi, Deutsche Geschichte im Zeitalter der Reformation und der Gegenreformation, München 1960, 323–346, 330: In Bayern regierte seit 1550 Herzog Albrecht V., den man den Hochgemuten nannte.« Er war der Schwiegersohn des Kaisers Ferdinand I. (†1564) geworden, ebd., 330.

252 Hans Wolter (Frankfurt), Art. »Spee« Friedrich, in: LThK (1964), 956. Vgl. Gerhard B. Winkler, Die *Cautio criminalis* ‚des Friedrich von Spee, in: Jb. Stiftsgymnasium Wilhering 1971/72, 3–23.

253 Hans Wolter, Art. »Spee«, in: LThK 9 (1964), 956.

tus von »Religiosen« in seinem Domkapitel verzichtet hatte. Er wollte offensichtlich nicht wissen, dass die sel. »Gregorianer« Gebhard und Konrad I. von Salzburg im 11./12. Jahrhundert eine ähnliche Aufgabe zu erfüllen hatten wie er. Er hatte offensichtlich nicht die Muße gefunden, seine seligen Vorgänger zu studieren, um sich an ihrem Bespiel zu »erbauen«.

Er hatte, wie es scheint, noch nicht ganz bedacht, dass die religiösen Probleme der Zeit nur in den Händen der »Charismatiker«, auf gut Deutsch mit Hilfe von Heiligen sachgerecht zu lösen waren. Das, was sich einige Jahrzehnte später als »katholische Reform« entwickelte, konnte wahrscheinlich noch nicht als Gabe von oben erkannt werden. Diese kam im Gefolge der »Gesellschaft Jesu« und anderer apostolischer Orden, als das Mittelalter zu Ende gegangen war und die beginnende Neuzeit dringend auch solche Gemeinschaften brauchte. Die mussten sich mit einem direkt apostolischen Charisma auszeichnen und die entsprechende spirituelle Prägung in die Kontroverse mitbringen. Es war teilweise ein Kampf auf Leben und Tod: Und der Preis war ein dreißigjähriges Gemetzel: Acht Millionen überlebten von den 10 Millionen Einwohnern des Heiligen Römischen Reiches deutscher Nation.

# XXVIII.

(77) Zusammenfassend können wir sagen, daß die pointierte Frage »Mönch oder Chorherr« schon zu Recht besteht. Sie ist sicherlich nicht mit dem gängigen Hinweis auf die allgemein menschliche Erfahrung von *actio* und *contemplatio* zu erledigen. Alltagssprachlich hieße das: »Arbeiten *und* Urlaub machen«, oder etwas sakraler: »Sechs Tage sollst du arbeiten, am siebten aber sollst du ruhen! … Der siebte Tag ist Sabbat, Ruhetag, heilig für den Herrn.« (Ex 31,15). Es sollte durch den geschichtlichen Überblick deutlich werden, dass dem Klerikerberuf im Kanonikertum eine angemessene Lebensform nach dem Vorbild des hl. Augustinus geboten wurde. Dieses musste zwar vieles mit dem Mönchstum gemeinsam haben, aber die »Kanoniker« hatten vor allem die Voraussetzungen für die würdige und apostolische Verkündigung der christlichen Botschaft zu schaffen und geeignete Strukturen für »Armut, Keuschheit und Gehorsam« bereitzustellen, die eigentlich seit apostolischen Zeiten unabdingbar gewesen wären.

(78) Die katholischen Seelsorgeorden des 16. Jahrhundert konnten bis in die Gegenwart hinein auf den geistlichen Erfahrungen des Kanonikertums weiter bauen. Das »*contemplata praedicare*« der Mendikanten (Bettelorden) war die erforderliche Voraussetzung für eine fruchtbringende Seelsorge schon im Zeitalter des Vierten Laterankonzils (1215). Ohne diese wären die großen Erfolge der Auseinandersetzung mit den »Ketzern« des

Mittelalters und später die unerhörten Anforderungen der neuzeitlichen Weltmission undenkbar gewesen. Ignatius von Loyola (†1556) lebte den Geist von Manresa seinen Missionaren vor, bevor er sie nach Übersee entließ, nach Paraguay, Japan, Indien, und auch nach China.

Über den geistlichen Zusammenhang zwischen der strengen monastischen Zurückgezogenheit und dem apostolischen Missionseifer sei hier *exempli gratia* ein gewagter Sprung in die neueste Zeit gewagt, den der geneigte Leser verzeihen möge: Der Vorarlberger Trappistenabt Franz Pfanner (†1909) sei als lehrreiches Beispiel angeführt. Er, bosnischer Trappist in Banjaluka, hätte liebend gern im südafrikanischen Marianhill als Mönch *und* Missionar gewirkt. Er hätte keine Unvereinbarkeit zwischen der mönchischen Abgeschiedenheit und seiner pastoralen Sorge um die Katechumenen gesehen. Er bewahrte sich auch bis zum Tod diese seine doppelte Berufung. Schließlich aber entschloss sich die Präfektur der päpstlichen *Propaganda Fidei* in Rom doch zu einer »kanonistischen« Spiritualität einer ausschließlichen Missionskongregation, nämlich des »Charismas« der Marianhiller Missionare und der »Schwestern vom Kostbaren Blut« (1885). Die *Propaganda Fidei* verkörperte damals in erster Linie das Leitungscharisma des Heiligen Stuhles. Das soll nicht heißen, dass in diesem Beispiel die »Spiritualität« zu kurz kommen musste. Vielleicht wäre es damals nur fairer gewesen zu sagen, die Spiritualität der kontemplativen Mönche und die der Kanoniker seien komplementär und gehörten zum Ganzen der Kirche. Sie hätten es nicht nötig, als gegenseitige Rivalen aufzutreten. Wie die zwei Flügel einer heilen Lunge brauche die Kirche allerdings beide Flügel – den missionarisch-apostolischen und den kontemplativen.

(79) In Bernhards allegorisierender Bildersprache hält der himmlische Bräutigam zwei unterschiedliche Gewänder für seine Braut, die Kirche, bereit, ein weihnachtliches, die raue schafwollene Kukulle der Mönche, um ihre Kinder in »Demut« vor der winterlichen Kälte zu schützen, und ein kostbarer Hermelinpelz mit den roten Feuerzungen der »Predigt« für die österlichen Zeremonien und die Erinnerung an Golgotha. D. h.: »Das Mönchs- und das Kanonikerideal bilden nach Bernhard eine komplementäre Einheit.«[254]

Als nach dem großen Missionskongress des Jahres 1925 in Rom der Ruf Pius XI. († 1939) erging, auch Mönche und Chorherren der alten Orden, Benediktiner, Zisterzienser, Trappisten, Prämonstratenser u. a. für die äußere Mission zu motivieren und für Gründungen in den Missionsländern zur Verfügung zu stellen, da wurden vor allem auch die Orden durch viele Berufungen aus den jüngeren Ortskirchen bereichert. Man denke vor allem an die Gläubigen auf den Philippinen, in Vietnam, in Korea, Japan und China, Nigeria etc., auch die in Brasilien, Argentinien, Bolivien, um nur einige zu nennen.

254 Gerhard B. Winkler, Bernhard und Norbert. Wie »gregorianisch« waren die beiden Reformer?, in: Schlägler Notizen, Schlägl 2004, 179–188, 184. Allegorese zu *»contemplata predicare«*. Die Braut bekommt in der winterlichen Weihnachtszeit das Mönchsgewand der Demut (Kukulle) und in der Osterzeit das Hermelin der Kanoniker mit »feurigen Schwänzchen«, den »Zungen« der Prediger. Bernhard von Clairvaux, »Parabel« VI von der Äthiopierin, in: Werke 4 (1993), 862–865. Vgl. Gerhard B. Winkler, Bernhard von Clairvaux. Die eine und umfassende Kirche-Einheit in der Vielheit, Innsbruck 2001, 220–231, 221: Kap. XIII, »Das neue Mönchtum als ›Magen‹ im mystischen Leib«

# XXIX.

(80) Bernhard wurde zu einer Allerheiligenpredigt für die Pariser Scholaren eingeladen. Das war eine Art Volksmission, ein größeres Ereignis. Die Hörerschaft waren im wesentlichen »Seminaristen«, d.h. Priesteramtskandidaten, wenn nicht »*clericetti*«, wie die Italiener sagen würden. Er wählte gern wie häufiger das Thema der Bekehrung (*conversio*) und die Form der Moralpredigt. Diese gipfelte in der Devise, sie sollten nicht den geistlichen Stand wählen, wenn sie nicht bereit wären, ihr ausschweifendes Leben zu bändigen und das Leben eines Christen und Anwärters für das »Heiligtum« zu führen. Eine große Schar von Klosterkandidaten hatte Bernhards Persönlichkeit schon angezogen, sodass sein überfüllter Bienenstock schwärmen musste. Aber ihn drückte auch in den Jahren vor dem Konzil und um das Konzil von Sens (1139/40) ein hochaktuelles kirchenpolitisches Problem ersten Ranges: Es war das Gespenst der Katharer und Albigenser, und damit um den Schrecken von Häresie und Kirchenspaltung. Die mittelalterlichen Ketzer moralisierten, sie wiesen auf die offenkundigen Sünden der Priester und rechtfertigten ihre eigenen skurrilen Lehren, Riten und Ausschweifungen als Ersatz für die unwürdigen Messen und die lästerliche Sakramentenspendung.

Da waren ein Heinrich von Lausanne (†1145), »probably a former Benedictine«, und ein Pierre de Bruys (†1146) »who caused much unrest« in der gefürsteten Grafschaft Maine.[255] Angesichts dieser eminenten Gefahr

255 F. L. Cross, Ed., Art. »Henry of Lausanne«, in: The Oxford Dictionary, aaO, 625.

musste sich der Klerus »bekehren«, was am besten in den zahlreichen Kanonien möglich war.

(81) Die große Allerheiligenpredigt in Paris hielt Bernhard höchstwahrscheinlich 1140, auf alle Fälle aber in etwa zu der Zeit, als Abaelards Thesen durch die Synode von Sens (1139) beanstandet und auch bald darauf in einer Liste von Glaubenssätzen zum Trinitätsdogma und zur Christologie durch Papst Innozenz II. († 1141) verurteilt wurden. Aber die *causa Abaelardi* berührte Bernhard (wahrscheinlich bewusst) nicht mehr in seiner »Allerheiligenpredigt«, als er die Kardinaltugenden und die Acht Seligkeiten der Bergpredigt (Mt 5,14 ff.) vor den Pariser Studenten behandelte. Die Zuhörer erwarteten sich ziemlich gewiss eine Stellungnahme zu Petrus Abaelard. Aber wahrscheinlich wollte Bernhard keine schrillen Töne. Er war diese Einstellung auch seinen Freunden in der berühmten »Kanonie« an den damaligen Stadtmauern von Paris unweit der Kathedrale von Notre-Dame schuldig. Im Übrigen scheint die vorletzte »Seligpreisung der Friedfertigen« (Mt 5,9) für Prediger und auch Priesteramtskandidaten besonders wichtig gewesen zu sein.[256] Das war wohl der irenische Geist von Saint-Victor und seiner dortigen Freunde, auf den sich Bernhard wohl nicht ungern einließ.[257] Er wollte zunächst diesen »Seminaristen« nur beibringen, dass sie sich nicht vorschnell weihen lassen dürften.

Es dürfte Bernhard ganz klar gewesen sein, dass sich die Ketzer mit der schlechten Moral des Klerus her-

256 »Selig die Friedfertigen«: Bernhard von Clairvaux, *Ad clericos*, aaO, Par. 31, 224–227.

257 Vgl. das Zustandekommen des Brieftraktats Bernhards von Clairvaux, Ep. 77, 1–22, in: Werke 2 (1992) , 608–641. Darüber: Gerhard B. Winkler, Bernhard von Clairvaux *versus* Petrus Abaelard, Aachen 2015, 11–19.

ausredeten und aus diesem Grund die Kirchenspaltung für berechtigt hielten und grimmig betrieben. Dagegen würde durch einen sittlich hochstehenden und vor allem friedfertigen Klerus den Ketzern das kirchenfeindliche Argument aus der Hand geschlagen.

Gleichzeitig war es hoffentlich sichtlich angemessen, den lebenslustigen Fanten bescheiden zu zeigen, dass er, der Redner, auch seine klassischen Autoren wie den stadtrömischen Platoniker und Aristoteleskenner Boethius (†524) nicht ganz vergessen hatte (Par. 36). In Wirklichkeit dürfte Bernhard die Ketzerproblematik seiner Zeit dogmengeschichtlich richtig erkannt haben, ohne den jungen Leuten von Paris eine direkte Ketzerpredigt zuzumuten.

Aber das Schicksal des Philosophen, Juristen und Staatsmanns Boethius (†524), des ursprünglichen Freundes, Konsuls und Vertrauten des Ostgoten-Königs Theoderich (»Dietrich von Bern«, †526), war offensichtlich nicht nur das Opfer unseliger politischer Verdächtigungen und Missverständnisse, sondern, wie es scheint, auch eines aggressiven Arianismus geworden. Sein Schicksal erinnert an das vergleichbare Schicksal, das der heiligmäßige Papst und zeitgenössische Bischofs Johannes I. von Rom (†526) zu erleiden hatte, weil dem Ostgoten-König und quasi-Kaiser dessen Legation bei Kaiser Justinus I. (†527) in Konstantinopel nicht gefallen wollte. Nach den Vorstellungen des Goten Theoderich des Großen war er in Byzanz zu höflich empfangen worden. Der Papst überlebt die Rückkehr nur kurze Zeit. Konstantinopel reagierte sofort mit Gegenmaßnahmen: Kaiser Justinus erließ schon 524 ein Gesetz, das den »reichsangehörigen« Arianern, d.h. den Goten in der östlichen Reichshälfte, die Religionsfreiheit entzog.

Der Gotenkönig und »Quasi-Kaiser« des Westens, mit Residenz in Verona, hatte sich eine völlige Freigabe des Arianismus durch den Kaiser des Ostens erwartet.[258] Das hätte allerdings auch der Philosoph und Universalgelehrte Boethius aufgrund seiner katholischen Überzeugung nicht leisten können. Herwig Wolfram bemerkt dazu: »Ohne beim König Gehör zu finden, wurde Boethius im Sommer 524 zum Tode und zur Gütereinziehung verurteilt, sodann unter Martern erschlagen. Die von Ravenna vielfach gepredigte *Civilitas* hatte am Hofe selbst ausgespielt.«[259]

So wird der Papst noch heute nicht zu Unrecht in der abendländischen Liturgie als »Märtyrer« geführt. Analoges mag für den hohen Staatsbeamten und Konsul Boethius gelten (†524 bei Pavia). Letztlich ging es wie beim Papst um die Freistellung der Arianer und später der Monophysiten in der Ostkirche um die Konzilsbeschlüsse von Nizäa (325) und vor allem Chalcedon (451).

Bernhard wusste offensichtlich um diese Zusammenhänge und dass auch ursprünglich westgotische Katalanen, »Arrianer« (sic!) genannt, in der Grafschaft Toulouse als radikale »Verbündete« der Albigenser galten.

(82) Bernhard traute offensichtlich seinen Zuhörern eine ungewöhnliche Hellhörigkeit zu, als er den Philosophen, Rechtsgelehrten, Staatsmann und Märtyrer Boethius nur geradezu beiläufig erwähnte. Hier gebrauchte und zitierte Bernhard den »Märtyrer« Anicius Manlius Severinus Boethius mit seiner *De philosophiae consola-*

258 Frank Thiess, Die griechischen Kaiser. Die Geburt Europas, Berlin, Darmstadt, Wien 1959, 49. Max Carry (London), Art. »Justin I. (†527), Justin II. (†578), Justinian I. (565)«, Encyclopedia .Britannica 13, 1962, 208 f.

259 Herwig Wolfram, Die Gothen, aaO., 331.

*tione* I, III, 7[260]: »*Habet hoc uoluptas omnis:/ Stimulus agit fruentes/ apiumque par uolantum/ ubi grata mella fudit/ fugit et nimis tenaci/ ferit icta corda morsu.*« Er war an sich ein »Minister« und enger Vertrauensmann Theoderichs (†526), des Ostgotenkönigs und Quasi-Kaisers im Westen des Imperiums, der von west- und ostgermanischen Völkern überflutet war – wie ein kundiger Imker allerdings erfolgreich, aber mit einem nicht ungefährlichen, aggressiven Geschäft. Bei der Verteidigung des Exkonsuls Albinus[261] (†523) geriet der Philosoph jedoch auch selbst wegen seiner *modestia*, einer der Sieben Gaben des Heiligen Geistes, in die Maschinerie des Verdachtes bei Theoderich dem Großen, dem ostgotischen »Barbaren«-König. Diese sollte ihn, einen »Nobelpreisträger« seines Jahrhunderts, das Leben kosten.

Er wurde im Frühen Mittelalter bald als Märtyrer des Arianismus verehrt, weil eben Theoderich tatsächlich nicht nur Gotenkönig mit kaiserlichen Privilegien über Italien war, sondern auch aggressiver »Arianer«, dazu

---

260 Boethius, *De Consolatione Philosophiae*, ed. Ludwig Bieler, in: CCh 94 (1957), 47; SBO, Werke 4 (1993), 186 (88), Par. 13. – F. L. Cross, Ed. Art. »Boethius«, the Oxford Dictionary of the Christian Church, London 1957, 181 f.: »Wie fliegende Bienen jagt er die zerstochenen Herzen mit gar hartnäckigem Biss dorthin, wo er den zum Bösen lockenden Honig ausgegossen hat. Sein Streben ist bekanntlich voll Angst und Wahn, sein Tun voll Abscheulichkeit und Schändlichkeit; sein Ende voll Pein und Scham.« Jean de la Croix Bouton (Ed.), Bernard de Clairvaux, Paris 1953, 539. Zitat nach Boethius, *De philosophiae Consolatione* III, 6, in: PL 63, 744. CCh 94/I, ed. Ludovicus Bieler, Turnholt 1957, 53: *Quodsi, uti paulo ante monstravimus, est quaedam boni fragilis imperfecta felicitas, esse aliquam solidam perfectamque non potest dubitari.*« Vgl. Berthold Altaner, Alfred Stuiber, Patrologie, Freiburg/Br. etc. 1978, 484 ff.

261 »Albinus Hochverratsanklage« 523: Herwig Wolfram, Die Goten, aaO, 330.

auch ein argwöhnischer[262], alter, gewalttätiger »Barbar«, der für die juridische Kultur und Erudition seines getreuen »Ministers« weder Verständnis hatte, noch eine Ahnung vom römischen Rechtswesen aufkommen ließ und keinen Zugang zur Christologie der ersten vier Ökumenischen Konzilien verspürte: Von diesen hatte er keine Ahnung!

Dass er offensichtlich weder des Irenäus (†200) »*Adversus haereses*« gelesen hatte, noch mit Konzilstexten näher bekannt worden wäre, all das hätte man ihm noch verzeihen können. Bernhard hatte offensichtlich auch das gefährliche Potential aller fragmentarischen Christologien und auch die irrigen Varianten der Katharer, d.h. auch die einer klassischen und überzeitlichen Gnosis, recht erkannt.

(83) Michael Bernhard[263], Vertreter der Münchner Schule der Philosophiegeschichte, schrieb in einem einschlägigen Beitrag, »... Die hohe Wertschätzung, die Boethius im Mittelalter genoss, finde ihren sublimsten Ausdruck darin, dass ihn Dante (†1321) unter den hl. Theologen an hervorragender Stelle nennt. Dantes ›Lokalkult‹ sei 1883 kirchenamtlich bestätigt worden.«[264] Der Verfasser bedachte es wahrscheinlich nicht, dass der Abt von Clairvaux um 1140, fast zwei Jahrhunderte vor Dante, den Philosophen in vergleichbarer Weise an einer überaus ansprechenden Stelle zum Vorbild für angehende Geistliche und Theologen gemacht und als solches zitiert hatte.

---

262 Herwig Wolfram, Art. »Theoderich der Große«, in LexMA 8 (1997), 621–623, 622.

263 Michael Bernhard, Art. »Boethius«, in: LexMA 2 (1983), 308–315, 309.

264 Dante, Paradiso X, 124–129.

Bernhard wollte seinen Zuhörern einen Gewährsmann bieten, dessen Kenntnis er bei ihnen voraussetzen konnte, einen gelehrten Philosophen, der zum Martyrium (*fortitudo*) bereit war und obendrein sich nicht drückte, für die Gerechtigkeit (*iustitia*) ein guter Hirte in allen Lebenslagen zu sein und auch wie ein »guter Hirte« sein Leben zu lassen. Der arianische Ostgote Theoderich, der Held »Dietrich von Bern« des »Nibelungenliedes«, und der »gelernte« Römer Boethius katholischen Bekenntnisses stießen hier in ihrer Konfession, ihrer Staatsauffassung und Rechtskultur konträr aufeinander: Es war das der Machtstaat mit vermeintlicher *iustitia* als Ausdruck und Mittel zur Macht und der Rechtsstaat mit der *modestia* bzw. *aequitas*. Bernhard betont vor seinen Zuhörern auffällig die *iustitia*, und dass Kleriker für diese »Gerechtigkeit« auch zum Leiden bereit sein müssten. Er sah wahrscheinlich auch bei seinen Freunden im Kanonikerstand das Wesentliche im Eintreten für die Gerechtigkeit und damit den Schutz der Kleinen, Schwachen und Hilflosen. Denn einem Geistlichen stand schon auf Grund seiner Bildung (*prudentia*) und seiner gesellschaftlichen Stellung mindestens etwas wie eine niedrige Gerichtsbarkeit zu. Er war ein »Herr« mit der Aufgabe, die Schwächeren zu »schützen« und das verlorene Schaf zu suchen, wenn er nicht auch schon einmal die große »Vogtei«, das umfassende rechtsgeschichtliche Advokaten-Amt inne gehabt hatte. In seiner Benediktpredigt (Par. 12[265]), behandelt Bernhard (1139) die vier Kardinaltugenden (Weisheit 8,7[266]), indem er sie für je einen der

265 »Benediktpredigt« zum 21. März 1139: Bernhard, Werke 8 (1997), 72–95, 966–969.

266 »Et si *iustitiam* quis diligit, labores hujus magnas habent virtutes (fortitudinem); *sobrietatem* (continentiam) enim et *prudentiam* docet, et *justitiam* et virtutem, quibus utilius nihil est in

vom hl. Ambrosius gleichfalls verwendeten Heiligenchöre als charakteristisch erachtete: Die *prudentia* (*sapientia*), Klugheit und Weisheit, muss ein Aushängeschild der Apostel sein; die *fortitudo*, Tapferkeit und Stärke, kennzeichnet den Märtyrer, die *iustitia*, d.h. die Gerechtigkeit, diese charakterisiert die Bekenner und die *continentia* (*modestia*) weist die Jungfrauen aus.[267]

(84) Für unser Thema der »Kanoniker« war diese Pariser Predigt Bernhards aufschlussreich, weil sie die sittliche Reform der künftigen Priester im Auge hatte, und zwar als umfassende *conversio*, nicht nur exklusiv als *conversio morum*, sondern auch als einer *conversio* vitae im Sinne des ungeteilten und unteilbaren Evangeliums. Es betraf fast sprichwörtlich viele Pharisäer zur Zeit Jesu, dass es ihnen gewöhnlich nur um die Bekehrung der »Sitten« gegangen war, sodass sie die »Bekehrung« ihres ganzen Lebens auf den Willen Gottes hin, von rühmlichen Namen abgesehen, weithin verpassten. Dem Pharisäer Saulus/Paulus wurde vor Damaskus die radikale Umkehr zum auferstandenen Messias geschenkt. (Apg 9,1–22) Und er konnte das sein ganzes Apostelleben hindurch nicht mehr vergessen.

Der frühchristliche Philosoph Boethius (†524) wurde bekanntlich Märtyrer seines Berufs als Rechtsgelehrter und Philosoph, weil er dem ostgotischen König und *quasi*-Kaiser des Westens, nämlich Theoderich dem Großen (†526), unbotmäßig erschien. Der Held der Volkssaga gebärdete sich im Westen, als wäre er der eigent-

vita hominibus.« (Weisheit 8,7). Valentinus Loch, hrgb., Vulgata, Regensburg 1872, 276.

267 »Continentia« virginum«: Ebd. Bernhard, Ad clericos in conversione, in: Werke 4 (1993), aaO., 148–243. »Remedio nuptiali«: (Par. 36), 236 f.

liche Kaiser Justin II.[268] (†565), den er im Westen des Reiches vertrat und dem er in Anmaßung und Willkürjustiz widersprach.[269]

Die Gestalt des Boethius diente Bernhard auch als Vermittler der vier Kardinaltugenden: der *iustitia*, für die er als Rechtsgelehrter starb; der *temperantia* römischer Gelassenheit und Selbstbeherrschung, die er von sich und seinen Schülern forderte; der *fortitudo*, ohne die es auch kein christliches Zeugnis und kein gottgefälliges »Martyrium« gibt, und der *modestia*, des Maßhaltens, der *aequitas* oder »*equity*«, wie sie heute noch z. B. in der angelsächsischen Rechtsprechung Beachtung findet. Sie sollte als Korrektiv zur gefürchteten Sentenz der »verdammenden Rechtsprechung« aller Zeiten dienen, nämlich, dass radikales Recht extreme Ungerechtigkeit in sich bergen kann: *Summum ius, summa iniuria.*[270]

(85) Der Prediger Bernhard bietet somit den jungen Klerikern und künftigen Priestern die ganze philoso-

---

268 Kaiser Justin I. (†527) und Justin II. (†578), Neffe von Justinian (†565), der machtvoll regierte. Es ging dieser kaiserlichen Generation um die nicht ganz vergebliche Wiedergewinnung verlorenen Terrains in Italien und in Afrika.
Max Cary, Art. »Justin I. und II.,« in: Encyclopaedia Britannica 13 (1962), 208 f.
Tiberios und Makarios (der Vertraute Papst Gregors des Großen):
Frank Thiess, Die griechischen Kaiser. Die Geburt Europas, Berlin, Darmstadt, Wien 1959/1966, 65.

269 Friedrich Stegmüller (Freiburg im Br.), Art. »Boethius«, in: LThK , 2 (1958), 554 f.

270 Zu den vier aus der altgriechischen Philosophie stammenden Kardinaltugenden nach Boethius: Bernhard, *Ad clericos*, aaO, in: Werke 4 (1993), Par. 13, 186/188. Einer der vier allegorischen Flüsse des hl. Ambrosius: »*continentiae nitor*« (Par. 25): *temperantia* neben *iustitia, fortitudo, sapientia*.

phische und juridische Weisheit der späten Antike an, die für ihn der Märtyrer-Philosoph Boethius (†524) verkörperte. Es ist zu vermuten, dass der Prediger den Studenten diesen »Heiligen« und Märtyrer der *iustitia* auch mit einer historischen Anspielung verbindet: Die Katharer in Toulouse, in Aquitanien und in der Provence wussten um ihre Nähe zu den gotischen Arianern auf der iberischen Halbinsel, wenn sie ihre Sektenbrüder »Arrianer« (sic) nannten. Diese hatten sich aus dem Süden in die Pyrenäen und in die nördlichen Grafschaften, Städte und Herzogtümer geflüchtet. Der Ostgote Theoderich der Große (†526) hatte in Ravenna den Tod des Philosophen letztlich auf dem Gewissen, nur weil dieser sich als professioneller Anwalt der »Gerechtigkeit« für seinen Amtsgenossen Albinus (†523), den er vergeblich wegen einer angeblichen Korrespondenz mit Konstantinopel verteidigte, vor dem Höchstgericht eingesetzt hatte: »Boethius konnte seine Freunde nicht retten, sondern wurde selbst in deren Fall verstrickt und verhaftet.«[271]

Der arianische »Held« kannte noch nicht den Unterschied zwischen seinem politischen Interesse, seinem Machtverständnis und einer durch das katholische Christentum bereits einigermaßen zivilisierten Rechtsordnung, mit der das »Volksrecht« der vagierenden Barbaren noch nicht mithalten konnte. Vielleicht wollte Bernhard auch seine jungen Zuhörer nur subtil warnen, was ihnen blüht, wenn die iberischen »Arrianer« (sic!) im Toulouse ihrer Generation zur Macht kämen. Das würde auch erklären, warum er bei der Verkündigung der Seligpreisungen (Mt 5,3–10) auffällig immer wieder auf die »Gerechtigkeit« und die »Friedfertigkeit« zu sprechen kam.

271 »Albinus«: Herwig Wolfram, Die Goten, aaO, 330.

Er begann mit einer Allegorese der vier Ströme des Paradieses nach dem hl. Ambrosius[272]: »Gerechtigkeit« (*iustitia*), »Weisheit« (*sapientia*), »Selbstbeherrschung« (*temperantia*) und »Tapferkeit« (*fortitudo*), die dadurch zur Überwindung der Traurigkeit (*tristitia*: Par. 23–25) führten. Denn der Hunger und Durst nach »Gerechtigkeit« überwindet die Tristesse der Menschen (Par. 26–27). Die jungen Kleriker müssten sich an dieser Friedensarbeit bald als Friedensboten beteiligen. (Par. 31–39)

Auf diesem »naturrechtlichen« Boden ließen sich die Seligpreisungen (»Makarismen«) der Bergpredigt (Mt 5,1–9) zum Fest Allerheiligen bestens gebrauchen. Es ging um die Motivierung der jungen Kleriker: Der Prediger wollte die Seligpreisungen der Bergpredigt als »Spiritualität« zu einem feierlichen Anlass vermitteln: 1.Selig die Armen im Geiste. 2. Selig die Trauernden. 3. Selig die Sanftmütigen. 4. Selig, die Hunger und Durst haben nach Gerechtigkeit. 5. Selig die Barmherzigen. 6. Selig, die reinen Herzens sind. 7. Selig die Friedensstifter. 8. Selig, die Verfolgung leiden.[273]

Der Prediger wollte im Sinne unseres Rahmenthemas sagen, dass die universale Bekehrung des ganzen Lebens zur *vita communis* der Kleriker führen könne

272 Ambrosius von Mailand, Die Allegorese der vier Ströme des Paradieses:
*sapientia, modestia, fortitudo* und *temperantia*: (Gen 2, 10): Weisheit, Klugheit, Selbstbeherrschung (*modestia, continentia*), Tapferkeit, Stärke und Gerechtigkeit (*iustitia*). Wahrscheinlich das erste Mal bei Ambrosius, dann auch bei Gregor dem Großen: Johannes Gründl (Freising), Art. »Tugend«, in: LThK 9 (1965), 395–399. Günther Binding (Köln), Art. »Ambrosius, hl., Bischof von Mailand, LexMA 1, (1980), 524 f. Ambrosius von Mailand, »De Paradiso, ed. Carolus Schenkl, in: Wien etc. 1896, CSEL 32/1, 263–336, 272 ff.

273 Zu den Seligpreisungen: Bernhard, *Ad clericos*, aaO, in: Werke 4 (1993), von den Trauernden (Par. 23–24–33), 204–210/231.

und so eine evangeliengetreue Verbesserung des Standes überhaupt erwarten lasse. Denn obwohl Gottfried von Auxerre (Clairvaux, †1188), Sekretär, Begleiter und Biograph des hl. Bernhard, diesen als den großen »Fischefänger« schilderte, der eine ganze Schar von Novizen aus Paris mitbrachte,[274] ging es dem Heiligen nicht um einen billigen Erfolg, sondern schlicht und einfach um das nüchterne Anliegen der eben erörterten »Bekehrung« (*conversio*). Die Zuhörer befanden sich thematisch in guter Gesellschaft. Denn der berühmte Brieftraktat, »Fünf Bücher« *De consideratione* an Eugen III.[275] handelte letztlich auch nur von »Bekehrung«. Das Nämliche galt für den ausführlichen Bischofstraktat Ep. 42, 1–37 an den reformfreudigen Heinrich von Boisrogues, genannt »Eber«, Erzbischof von Sens, *Primas Galliae*.[276] Sie galt auch für das hagiographische Genre, die *Vita Malachiae*, als drittes exemplarisches und personengebundenes Werk Bernhards zum Thema der *conversio*.[277]

(86) Der Prediger spricht zunächst die ethische Kategorie an, die auch den zentralen Forderungen des Evangeliums entspräche und alle Stände, alle Ränge und alle Einzelpersönlichkeiten in der Kirche betreffe, nämlich die »*conversio (conversatio) morum*« der RB 58,17 u.a. Dieses füh-

---

274 Ludwig Ott, Art. »Gottfried von Auxerre (Clairvaux)«, Schüler Abaelards (†1188), Sekretär, Biograph und Begleiter Bernhards, Abt von Igny, Abt von Clairvaux etc., in: LThK 4 (1960), 1138 f.

275 Bernhard von Clairvaux, *De consideratione ad Eugenium papam*, in: Fünf Bücher, Werke 1 (1990), 626–827.

276 Gerhard B. Winkler, Bernhard von Clairvaux,«Brief Traktat »*De moribus et officio episcoporum*, Ep 42, 1–37, in: Werke 2 (1992), 440–503: Der apostolische Bischof: Fs. für Erzbischof Dr. Georg Eder (Salzburg), hrgb. Hans Paarhammer und Franz-Martin Schmölz, Thurn 1987, 415–427.

277 Bernhard von Clairvaux, *Vita Sancti Malachiae episcopi*, 1–75, in: Werke 1 (1990), 437 ff.

rende Thema des hl. Vaters Benedikt mutet der Prediger Bernhard auch den Pariser Theologiestudenten zu. Denn es gilt von Papst Eugen III. (†1153), über den Erzbischof Henri de Boisroques (†1142) bis zum letzten Laienbruder in Clairvaux. Dieses Ziel konkretisiert sich auch für etwas wildere Studenten: Jeder, der studierte, sollte auch mit Boethius ein Philosoph im Kerker sein und ganz konkret an die letzten Dinge denken: nämlich an das »*respice finem*« (Par. 33–40). Das geschieht durch eine Anleitung zu den »Acht Seligkeiten«. Das Friedensideal und die Bereitschaft, das Leben hinzugeben für die Anvertrauten, und keinen »Wolf« in der Schafherde zu dulden, scheint den Prediger bewegt zu haben. (Par. 40)[278]

Abschließend leuchtet der Märtyrer Boethius auch in den vier Kardinaltugenden[279] auf: *fortitudo (andreía), prudentia (sophía; phrónesis), iustitia* und *temperantia*, die schon der hl. Ambrosius[280] von Mailand (†397) allegorisch auf die vier Flüsse des Paradieses angewandt hatte.

(87) Man hätte erwarten können, dass der Prediger das Priestertum seiner Zuhörerschaft in strahlenden Farben schildert, wie das bei mancher Primizpredigt Brauch sein mag. Im Gegenteil besteht allerdings Bernhards *ceterum censeo* im Aufruf, die Studenten mögen sich nicht leichtfertig weihen lassen (Par. 34–36), denn

278 Ders., *Ad clericos de conversione*, aaO, 240 f.

279 Johannes Gründel (Freiburg/Br.), Art. »Tugend« (Vier Kardinaltugenden), in: LThK 10 (1965), 395–399, 395 f. Der Verfasser verwendet nicht nur die griechischen Termini, die hier übernommen wurden, sondern auch das griechische Alphabet.

280 Die Allegorie in Bibelauslegung und Predigt verwandte der hl. Ambrosius von Mailand besonders gern und gewandt bei der Auslegung des Alten Testament (Gen 2,8; Hld 4,12), Bernhard, *Ad clericos*, aaO, 206–211 (Par. 25 ff.)

auch die Bewohner von Sodom hätten im damaligen Volk Gottes wie im katholischen Priestertum nichts zu suchen gehabt. Die Kandidaten mögen ihr gebrochenes Verhältnis zu den Frauen nicht mit der Tugend der Keuschheit verwechseln: Leider gebe es zahlenmäßig zu viele Kleriker. Sie drängten sich alle in Ämter und Würden, für die sie die erforderlichen Voraussetzungen nicht mitbrächten: »Du hast, o Herr, das Volk vermehrt, aber nicht die Freude an ihm« (Ps 39,6; Jes 9,3). Sie begingen Unzucht, Ehebruch und Blutschande, ja noch Schlimmeres. Sie machten ihre Lebenszeit zu einem Sodoma. Man dürfe zwar die Ärgernisse nicht verallgemeinern (Par. 34 f.), aber die Lasterhaften seien wie eine immer wieder nachwachsende Hydra (Par. 35).[281] Die Kleriker sollten beim Turmbauen, zuerst die Kosten überlegen (Lk 14,28). Für viele wäre es besser »zu heiraten als zu brennen« »Sie verschmähen das Heilmittel der Ehe und uferten hierauf zu jeder Schandtat aus.« (Par. 36)

(88) Die Kleriker sollten nicht »Friedensdichter (*annuntiatores*)«, sondern »Friedensstifter (*pacifici … factores*)« sein (Mt 5,9; Par. 39). Man müsse daher schon zufrieden sein, wenn die Hirten, die nicht selber die »Wölfe« spielten, wenigstens ihr Leben für ihre Herden einsetzten (Mt 5,10; Par. 39 f.). Diese Weise, Frieden zu stiften, übertrifft alle übrigen sieben Seligpreisungen der Bergpredigt (Mt 5,3–10). Indes kann auch sie nur in Demut und Geduld gegenüber Gehässigkeit und Verfolgung erfolgen. Der Geist des »guten Hirten« kann nicht immer ganz selbstlos sein. Die höchste Form des *Pastor bonus* wird häufig durch Habsucht und ähnliche For-

281 Bernhard von Clairvaux, »*Ad clericos de conversione*«, Par. 35, in: Werke 4 (1993), 148–243, 129–143 (Einleitung).

men der Ichsucht getrübt. Aber sie ist auf alle Fälle vollkommener als das, was Wölfe im Schafspelz und gewalttätige Räuber kennzeichnet. (Par. 40)

(89) Bernhards Strafpredigt und Kleruskritik glich weithin dem Stoffe nach den zeitgenössischen Wertvorstellungen der Reformorden. Ihre Themen und Klagen finden sich aber auch stofflich ebenso bei der zeitgenössischen Heterodoxie, d.h. in polemischen Äußerungen und Anschuldigungen der Albigenser, Waldenser, »Arrianer« (sic!), Toulousaner, Katharer, Bogumilen und Paulizianer. Die letzten beiden stammen aus dem christlichen Orient, der auch durch Sekten für gnostisches Gedankengut anfällig war. Über sie wusste der Propst Everwin von Steinfeld bei Köln aus eigener Anschauung Bescheid. Seine Erkenntnisse und Erfahrungen teilte er seinem Freund Bernhard von Clairvaux mit, ohne ihm etwas vorzuenthalten.[282] Die Ketzer rieben sich an den Schwächen und Sünden des sakramentalen Priestertums und rechtfertigten damit ihr Sektierertum und ihren Abfall von der *Catholica*, der Mutterkirche. Bernhard beschwor seine jugendlichen Zuhörer, die »Seligpreisungen« (Mt 5,3–12 und Lk 6,20–23) des Allerheiligenfestes ernst zu nehmen. Die Heiligkeit ihrer Berufung erfordere mit aller Klarheit, schwere Sünden zu meiden, eine sichtbare Bekehrung zu bekennen und öffentliche Buße zu tun. Bernhard vermied es auffällig aus heute noch ungeklärten Gründen, den jungen Seminaristen, deren Verfehlungen er anprangerte, die Gefahren und die kirchenkritischen Argumente der Katharer wegen

282 Vgl. Kap. 16: Everwin von Steinfeld, in: Gerhard B. Winkler, Bernhard von Clairvaux versus Petrus Abaelard, aaO, 53–56. Bernhard von Claivaux, Werke 6 (1994), SC 65, 1–8, und SC 66, 1–13, in: Werke 6 (1994), 356–369; 370–391.

des schlechten Beispiels des katholischen Klerus vorzuhalten. Die Predigt macht zunächst den Eindruck, als ob 1139/1140 noch kein Mensch (außer vielleicht dem Prediger selbst) die Gefahr der Kirchenspaltung gesehen hätte. Sie war offensichtlich noch nicht als Problem voll erfasst. Nur Einzelne begriffen, dass die Sakramentenfeindlichkeit der Ketzer ein gefährliches Jahrhundertgift war. In provinzieller Abschirmung hatten sie offensichtlich kaum eine Ahnung von der Existenz der Waldenser in Lyon, in Piemont und in der Lombardei. Auch die Kölner dürften kaum gewusst haben, wie sehr ihre vertrackten Lehren und Praktiken aus der Schublade der Bogumilen und Paulizianer stammten.[283] Das war die Gabe des Zaubers, der vom Orient der *Hagia Sophia* ausging und durch die Kreuzzüge noch manch romantischen Glanz erhielt. Konstantinopel war nicht nur das Rom der Orientalen, sondern eine »Märchenstadt«, von der man im eher frischeren Norden nur träumen konnte. Man unterschätze nicht die Wirksamkeit der Geheimnisse von »Tausend und Eine Nacht« auch für die christliche Welt des Westens.

(90) Die ersten Vertreter einer »armen«, aber auch heldenhaften »Kirche«, wie die der »Norbertiner«, d.h. der

283 Volkstümliche Bogumilen und »intellektuellere« Paulizianer: Die Kölner Ketzer beziehen ihr Lehren über verschiedene Kontakte zum Nahen Osten: Abt Everwin von Steinfeld O. Präm. in the Eifel unweit von Köln, Kontakte mit den »Victorinen« von Paris und mit Bernhard von Clairvaux. Evermond begleitet Bernhard 1147 in Deutschland. Alexander Patschovsky, Art. »Everwin von Steinfeld«, in: Lex MA 4 (1989), 142: Everwin war wichtig als Gewährsmann für Bernhards Schriften über die Ketzer. SC 64, 1–10, in: Werke 6 (1965), 346–357. SC 65, 1–8, in: Werke 6 (1995), 358–369; und SC 66, 1–14, in: Werke 6 (1965), 370–391.

Prämonstratenser, lebten und wirkten ursprünglich alle als Wanderprediger. Das war sicher ein richtiger, wenn auch riskanter Weg. Sie wurden schließlich regulierte und auch streng »klausurierte« Chorherren, wie man zu sagen pflegte. Für einen ähnlich katholischen Weg entschieden sich unter anderem die Anhänger des von der Gesamtkirche allerdings nicht kanonisierten Robert von Arbrissel (†1117) mit seinem *Proprium* der »Doppelklöster«. Dem damaligen Rom scheint sein Beharren auf die bewährten Doppelklöster und sein zu intensives Engagement für die Frauenseelsorge ein Hindernis gewesen zu sein, eine ins Auge gefasste Seligsprechung weiter zu verfolgen.[284]

Die Zisterzienser-Generalkapitel förderten immerhin auch den weiblichen Zweig systematisch erst ziemlich spät, im Wesentlichen erst im 14. Jahrhundert. Allerdings kannten die Väter des Ordens vom Anfang an auch Frauenklöster nicht nur zur wirtschaftlichen »Versorgung« der Mütter, Schwestern und Gattinnen der männlichen Verwandten in den Klöstern schon im 12. Jahrhundert. Von St. Robert Molesme aus[285] wurde Cîteaux gegründet.

284 Stephan Hilpisch, Art. »Robert von Arbrissel«, in: LThK (1963), 1005 f.

285 Louis J. Lekai , The Cistercians. Ideals and Reality, Kent State University 1977, »Cistercian Nuns«, 347–363, 347: Jully war überfüllt, als die Frauen nach Tart, 10 km nördlich von Citeaux zogen. – Der kanonistische Passus lautete, dass die Feierlichen Klostergelübde von der ehelichen Gemeinschaft dispensieren, falls beide Eheleute zustimmten So hielt es z. B. die hl. Birgitte (†1373) und ihr Gatte nach der Wallfahrt nach Santiago de Compostela. Vgl. CIC 1118–1119. Der Kanonist Alexander III. (†1181) erkannte ausdrücklich der feierlichen Profess die »ehetrennende«, nicht die »auflösende« Wirkung zu. S. Tridentinum, Sess. XXIV, can. 6. »Die Trennung der Ehegatten«: Honorius Hanstein O. F. M., Kanonisches Eherecht, Paderborn 1953, 222–227, 223.

Analoges tat sich auch mit den ersten Frauenklöstern: Unter der Leitung des Abtes von Molesme, des hl. Robert, blühte Jully 1113 auf: »… the wives and the female relatives of the monks of Molesme congregated.«[286]

Humbeline wurde 1128 Priorin von Jully, das aus allen Nähten geplatzt war. Sie war die Schwester von sechs Brüdern in Clairvaux: Der hl. Bernhard fungierte als führender Kopf von fünf ihrer Brüder.[287] Der sechste, Nivard, war damals noch zu jung für den Klostereintritt. Das zweite Frauenkloster war Tart, eine Stiftung des Bischofs von Langres, etwa 10 km nördlich von Cîteaux, mit einigen Tochterklöstern in Burgund – noch nach der Zeit, als der große *Exodus* der Mönche aus Molesme erfolgt war.[288] Louis J. Lekai legte Wert darauf zu zeigen, dass weder die Männer mit ihrem Auszug aus Molesme noch die Frauen, als sie Jully zurückließen, einen neuen Orden gründen wollten: Alles ergab sich fast von selbst: »Der Not gehorchend, nicht dem eignen Triebe.«[289] Sie waren sicher auch von den neuen Orden fasziniert, wie viele männliche Novizen. Aber für die Nonnen war primär sicherlich kaum die Neuerung anziehend, vielmehr war für sie überhaupt das vorbildliche Klosterleben maßgeblich und erstrebenswert.

---

286 Louis J. Lekai, »Cistercian Nuns«, in: The Cistercians. Ideals and Reality, aaO, 347–363, 347 f. Alberich Martin Altermatt (Hrgb. nach Jean Leclercq), Bernhard von Clairvaux. Entschiedenheit in Demut, Freiburg/Schweiz 1991, 53 f.: Kap. »Die Nonnen«.

287 Guy (d.i.Guido), Gérard, Bernard, Humbelina († 1136), André, Barthélemy, Nivard, der noch mit dem Klostereintritt wegen seines jugendlichen Alters warten musste.

288 Louis J. Lekai, Kapitel »The Cistercian Nuns«, in: »The Cistercians. Ideals and Reality«, 347–263, 347.

289 Georg Büchmann, Geflügelte Worte, Berlin 1900, 229: aus der »Braut von Messina«.

(91) Die große Zeit der zisterziensischen Frauenklöster kam aber erst mit der späten deutschen Frauenmystik. Es waren dies vor allem Gertrud die Große (†1302) von Kloster Helfta/Eisleben sowie die Schwestern Gertrud und Mechtild von Hackeborn. Dazu kam noch eine frühere Begine Mechthild von Magdeburg († um 1280), bis sie in Helfta bei Erfurt bei den Zisterzienserinnen Aufnahme fand. Sie war begabt mit Gesichten und Visionen, die sie in spätmittelhochdeutscher Prosa aufzeichnete.[290] »Das fließende Licht der Gottheit« hatte eine bemerkenswerte Wirkungsgeschichte. Bedeutende Germanisten wie Josef Nadler[291] schätzen diese Mystikerin insofern überaus, weil Prosaschriften im Zeitalter der kostbaren Handschriften und der entsprechenden Versdichtungen auch eine kulturelle Seltenheit bildeten. Die gehobene Ausdrucksweise war vor allem beim großen Epos die im Vers gebundene Rede.

(92) Die reformfreudige Erfahrung in Rottenbuch der Diözese Augsburg ließ Gerhoch, wie zu erwarten, nicht unberührt. So konnte auch in den Jahren der Reformation und Gegenreformation Reichersberg seine katholische Tradition auffälligerweise bewahren, als die meisten ob-der-ennsischen Klöster ausgestorben und auch die Prälaten im Linzer Landhaus evangelisch geworden waren,. Es scheint auch in der Reformationszeit ein besonderer Engel über diesem Kloster gewaltet zu haben.[292] Etwas irdischer ausgedrückt, waren es starke Herzöge Bayerns wie Albrecht V. (1579), denen

290 »Thüringer Mystik«: Josef Nadler, Geschichte der deutschen Literatur, Wien 1951, 21.
291 »Mechthild von Magdeburg«: Josef Nadler, ebd.
292 »Reformation«: Sabine John, Stift Reichersberg im Zeitalter von Reformation und Gegenreformation, in: 900 Jahre, Fs., aaO, 111–152.

es gelungen war, die Trienter Reformen in seinem Herzogtum durchzusetzen. Reichersberg brauchte da nur freundlich und willig mitzuziehen. Es gab unter bayerischer Hoheit nur vier Grafschaften mit stärkeren reformatorischen Tendenzen. Die Mehrzahl der Grafschaften war übrigens fast durchwegs »landständisch«, d.h. *de facto* vom Lehensherren abhängig. Der volle Reichsstand galt vor allem nur für Ortenburg südwestlich vom Territorium des Hochstifts Passau. Das Dekret des Reichs-Kammergerichts über die Reichsunmittelbarkeit wurde 1527 in Speyer ausgestellt. Die drei übrigen Grafschaften waren wie gesagt mehrheitlich landständisch. Daher konnten sie trotz beachtlicher Zahlen (vor allem der registrierten »Utraquisten« mit ihren Kelchkommunionen etc.) eher beim Glauben des Landesfürsten gehalten werden: Es waren dies Haag westlich des Innbogens, Waldeck am Tegernsee und Hohenschwangau im Süden zwischen Lech und der Grafschaft Tirol.[293] Ortenburg im Südosten der Bischofsstadt Passau vermochte wegen seiner Reichsunmittelbarkeit (im Unterschied zu den zahlreichen übrigen Grafschaften des Herzogtums Bayern) das Augsburger Bekenntnis bis heute zu bewahren.[294] Die Herrin der Stadt Efer-

293 Gerhard B. Winkler, Die nachtridentinischen Synoden im Reich. Salzburger Provinzialkonzilien 1569, 1573, 1576, Wien etc. 1988: z. B. »Haag«: aaO, 241, 255, 319. »Grafschaften« mit maßgeblich evangelischer Observanz: Karl Brandi, Deutsche Geschichte im Zeitalter der Reformation und Gegenreformation, München 1960, 330.

294 Sabine John, Stift Reichersberg im Zeitalter von Reformation und Gegenreformation, in: 900 Jahre Augustiner, Fs., aaO, 111–151, 111 f. Vgl. auch Karl Brandi, Deutsche Geschichte im Zeitalter der Reformation und Gegenreformation, München 1960, 330. Bei Brandi ist nachzulesen, dass die vier protestantisierenden »Stände« in Bayern: nämlich die Grafschaften Haag, Waldeck, Hohenschwangau nur

ding, Anna, eine geb. Reichsgräfin von Ortenburg († 1569), war mit dem letzten Schauenberger, dem »trunkfrohen«[295] Georg III. († 1554), einem glühenden Anhänger Luthers, verehelicht, dessen Sohn Wolfgang auch frühzeitig starb († 1559). So war das einst mächtige Geschlecht im Mannesstamm ausgestorben.[296] Der Traum vom selbstständigen Fürstentum im Land ob der Enns war ausgeträumt. Die geb. Reichsgräfin Anna von Ortenburg und verwitmete Gräfin Schaunberg wirkte in Eferding und Umgebung immer noch so einprägsam, dass sie sogar in den Gravamina-Akten der Salzburger Provinzialsyode (1569, im Todesjahr der Gräfin Anna) posthum bis nach 1576 Aufnahme fand. Die Gräfin wirkte maßgeblich für die Ausbreitung der Augsburger

deshalb landständisch und katholisch blieben, weil sie nicht nur Reichslehen besassen, daher in Wirklichkeit »Landsassen« waren und auch vor allem spürbar landständisch belehnt worden waren. Nur die Grafen von Ortenburg bekamen in Bayern von Speyer die Reichsfreiheit und damit die freie Religionsausübung zugestanden. Nach den Salzburger Gravamina hatte die benachbarte Grafschaft Haag zur Zeit der Salzburger Synoden (1569 bis 1576) etwa 60% »Utraquisten« (Gläubige, die den »Kelch« verlangten). Gerhard B. Winkler, Provinzialsynoden, aaO, z. B. 241, 255, 319

295 »In Georgs (III.) von Schauenberg Schlosskapelle erscholl die erste evangelische Predigt im Donautal«: Georg Loesche (Wien), Geschichte des Protestantismus im vormaligen und im neuen Österreich, Leipzig 1930, 142. »Stammbaum«: Alois Niederstätter, Das Jahrhundert der Mitte, in: Österreichische Geschichte, hrgb. Herwig Wolfram, 1400–1522, Wien 1996, 207.

296 Heide Dienst (Wien), Art. »Schaunberger«, in: Lexikon der deutschen Geschichte, hrgb. Gerhard Taddey, Stuttgart 1979, 1070 f. Otto Hageneder, Die Grafschaft Schauenberg, in: Mitt. des OÖ. Landesarchivs 5 (1957). Grete Mecenseffy, Geschichte des Protestantismus in Österreich, aaO, 13. Siegfried Haider (Linz), Art »Schaunberg«, in: Lex MA, 7 (1995), 1444.

Konfession im Land ihres Geschlechtes ob-der-Enns.[297] Das mächtige Geschlecht war von den verschwägerten Starhembergern beerbt worden. Die Salzburger Gravamina (1576) beklagten sich um einige Jahre verspätet, dass die »Herren von Starhemberg« und die Gräfin von Schaunberg die katholische Besetzung von Peuerbach und Natternbach verhindert hätten.[298]

297 Grete Mecenseffy, Geschichte des Protestantismus in Österreich, Graz/Köln 1956, 13.

298 Gerhard B. Winkler, Salzburger Provinzsynoden: Gravamina (vor 1576), aaO, 241, Anm. 13 und 14.

# Epilog.

(93) Die Festschrift »900 Jahre Reichersberg«, enthält auch dankenswerterweise eine ausführliche Darstellung der zeitgeschichtlichen Ereignisse des wichtigen Augustinerstiftes von einem maßgeblichen »Insider« des Klosters.[299] Daher mag es auch uns erlaubt sein, die auffällige Schonung des Stiftes durch die Machthaber nach dem 13. März 1938 zu erwähnen. Das mögen folgende Ereignisse aus den dunkelsten Jahren unserer Heimat zeigen. Auch steht es jedem Leser frei, einen möglichen Zusammenhang der Gegenwart, der jüngsten Vergangenheit und den bedeutenden 900 Jahren Klostergeschichte selbst herzustellen. Man ist versucht sich zu wundern, dass Reichersberg zusammen mit Stift Schlierbach bei Kirchdorf in Oberösterreich die grausamsten Folgen der nationalsozialistischen Klosterpolitik des Gauleiters und Reichsstatthalters August Eigruber im »Oberdonau« des »Dritten Reichs«[300] mit auffallend geringen Blessuren überleben konnte. Dafür gibt es eine Reihe von guten Gründen.

In Schlierbach hatte man wirtschaftlich immer schwer zu kämpfen gehabt. Die Mönche und Laienbrüder waren allerdings sehr anspruchslos, was sich auf das geistliche Profil der Abtei überaus positiv auswirkte. Außerdem konnte und wollte in Zeiten der Lebensmittel-Rationali-

299 Gregor Schauber, Das Stift Reichersberg im 20. Jahrhundert, in: 900 Jahre Augustiner Chorherrenstift Reichersberg, Fs., aaO, 199–244.

300 1938 Gauleiter, 1940 Reichsstatthalter bis 1945, am 28. Mai 1946 in Landsberg am Lech nach den Mauthausenprozessen hingerichtet.

sierung der Gauleiter August Eigruber auf die eingespielte Käseproduktion nicht verzichten.

In Schlierbach lohnte sich außerdem die Abwesenheit des Abtes Dr. Alois Wiesinger in Brasilien zur Gründung des Missionsklosters Fazenda Jequitibá. Er hatte sich in Wort und Schrift die neuen Machthaber wegen seiner christlichen Soziallehre und Staatsauffassung zu erbarmungslosen Feinden gemacht. So konnte er Leib und Leben retten, ohne dies m. W. je bei seinen Missionsplänen ins Auge gefasst zu haben.

Es hieß allerdings auch in Wilhering, das Missionsland (z. B. Bolivien) könne einmal ein *Refugium* der zu Hause Gebliebenen werden, falls durch politische Umstände die Heimat keinen Schutz mehr böte. Abt Dr. Alois Wiesinger baute das Missionskloster in der *Fazenda Jequidibá* auf. Die Brasilianer waren später bekanntlich Verbündete der Alliierten zum Ende des Krieges und nach 1945 sogar als Besatzungsmacht in Italien eingesetzt worden. Auch ein kluger Prior half, dass es nach menschlichem Ermessen vor der Aufhebung verschont blieb. Außerdem ging die Mär, dass für Schlierbach ein »Konzentrationskloster« der Nationalsozialisten für ältere und arbeitsunfähige Klosterfrauen nach dem Krieg geplant gewesen sei.

(94) Allerdings mussten die Stifts- und Chorherren von Reichersberg eine Fliegerschule der deutschen Luftwaffe, die in Wels stationiert war, in ihren Räumen unterbringen. Das hatte den Vorteil, dass sie von weniger angenehmen Gästen, diversen Parteibonzen, wie auch vornehmlich SA-, gegen Kriegsende auch SS-Kontingenten wenig bedrängt wurden.[301] Flüchtlinge

301 »Gäste«: Gregor Schauber, Das Stift Reichersberg im 20. Jahrhundert, in: 900 Jahre Augustiner Chorherrenstift Reichersberg, Fs., Linz 1983, 199–244, 214–218.

aus den besetzten Ländern, Volksdeutsche aus der Bukowina und Bessarabien, die in anderen Stiften aufgenommen werden mussten, blieben in Reichersberg aus. Die Luftwaffe war damals noch eine in preußisch nationalem Kommando erzogene, relativ zivilisierte Gesellschaft, wenigstens, was den Ehrbegriff anlangt. Dieser war noch nicht völlig durch Hermann Görings Großmannssucht kontaminiert worden.[302] Das Stift hatte mit Oberst Bruno Wentscher vom Fliegerhorst in Wels das Glück, mit einem Offizier alter Schule konfrontiert zu werden. Dieser war darauf peinlich bedacht, regelmäßig seine Miete zu bezahlen und keinerlei Reibereien mit den Herren des »Hauses«, Propst und Stiftsdechant zuzulassen. Unbezahlbar war die Umsicht, gefährdete Konventualen, die sich durch unvorsichtige Äußerungen kompromittiert hatten, rechtzeitig in eine möglichst entfernte Pfarrei abschieben zu können. Reichersberg erfreute sich damals seiner Wiener Pfarreien samt den Weingärten in Neuwaldegg, wo einst Bonaparte im Jahre 1809 vorerst glücklich zu logieren vermochte. Dort konnte er auch seinen Sieg über die zunächst glücklosen Heere des alten Kaisers Franz II. († 1835) in dessen Hauptstadt zu Wien meditieren. Das

302 Alfred Kube, Pour le mérite und Hakenkreuz. Hermann Göring im Dritten Reich, München 1987, 48 ff. (»Der Aufbau der Luftwaffe.«) Vorlieben für Burgen und Ritterromantik: Vgl. auch den Herrensitz im Lungauer Mauterndorf (Land Salzburg), aaO, 4 ff. Der spätere »Reichsmarschall« hatte als Vaterersatz einen reichen, gleichfalls romantisch gesinnten jüdischen Arzt, den sein wirklicher Vater in Deutsch Ostafrika kennen gelernt hatte. Diese Romantik begleitete u.a. auch den Untergang Österreichs am 12. März 1938. Die qualitativ hochstehende Biographie wurde an der Universität Trier wissenschaftlich begleitet und als Dissertation für die Promotion angenommen.

war sein Carthago. Und die Reichersberger Chorherren sorgten für das nötige Ambiente.

(95) Das Leben des Stiftes und Klosters Reichersberg war zwar immer auch fallweise beeinträchtigt, sozusagen auf »Sparflamme« geschaltet, aber das ganze hätte noch vergleichsweise viel schlimmer ausgehen können, dachten viele.[303] Manch einer, der sich mit dem sel. Gerhoch († 1169) näher beschäftigen konnte, war überzeugt, dass man in Notzeiten auch die »Engel und Heiligen« anrufen dürfe, ja vielleicht sogar sollte.

303 Gregor Schauber, Das Stift Reichersberg im 20. Jahrhundert, in: 900 Jahre Augustiner Chorherrenstift Reichersberg, ebd., 210–215, 215.

# Zusammenfassung.

Das Zeitalter des hl. Bernhard von Clairvaux (†1153), des hl. Norbert von Xanten (†1134) und des sel. Propstes Gerhoch von Reichersberg (†1169), »one of the principal agents of the Gregorian reforms in Germany«[304], der sel. Erzbischöfe Gebhard (†1088), Konrad I. von Salzburg (†1147) und vieler anderer darf auch als Frucht der großen, gut zwei Generationen zurückliegenden Reformbewegung des Papsttums aufgefasst werden. Diese wird nach Programmen, Projekten und energischen Bestrebungen des hl. Papstes Gregors VII. (1073–1085) und seiner Gesinnungsgenossen meist als »Gregorianismus« bezeichnet. Denn diesen hatte der Toskaner und Klosterschüler auf dem Aventin in Rom, der als »Mönch« viel verspottete und zu Unrecht gescholtene »Hildebrandus«, also der hl. Papst Gregor VII. (†1085), nicht nur ins Rollen gebracht, sondern auch beispielhaft vorgelebt. Dies geschah auch maßgeblich durch seine Persönlichkeit, sein bewegtes Leben, durch seine unbeugsamen Überzeugungen, aus denen er kein Hehl machte, und seinen einsamen Tod im Exil von Salerno, ausgerechnet von den Normannen »beschützt« und von seinen eigenen römischen Landsleuten wegen des unseligen *sacco di Roma* gehasst. Er hat, wie gesagt, nicht nur eine »Methode«, d.h. ein *»movement«*, aktualisiert, sondern der Kirche ein neues Gesicht gegeben, das wir aus

304 F. L. Cross, Ed., The Oxford Dictionary of the Christian Church, Art. »Gerhoh of Reichersberg«, aaO, 551.

apostolischer Zeit und aus der Feder der alten Kirchenväter eigentlich hätten kennen müssen.

So sollte das Hohe Mittelalter des 11./12. Jahrhunderts nicht nur als Periode der beginnenden Kreuzzüge, der Albigenser-Kriege, der im Übrigen reformatorischen Heterodoxie der Katharer, der Toulousaner, der »Arrianer« (*sic!*), Albigenser und Waldenser beschrieben werden, sondern auch als Periode überzeugender und auch in der Verfolgung couragierter und vorbildhafter Heiliger, die im Format Gregor VII. nicht viel nachstanden und somit bleibende Geltung erworben haben.

Das Mönchtum und die Kanonikerbewegung, Bernhard und Norbert, waren die »Hochzeitsgeschenke«, die in der allegorisierenden Bildersprache des Abtes von Clairvaux (†1153) der himmlische Bräutigam für seine Braut, die »*Ecclesia*«, bereithält: Es war dies einerseits der schafwollene Chormantel, die Kukulle der Mönche, etwa die der Cluniazenser eines Petrus Venerabilis (†1156) oder die der Zisterzienser von Clairvaux. Das zweite Hochzeitsgeschenk wäre andererseits das Hermelin mit den feurigen »Zungen« gewesen, das die leidenschaftlich predigenden Kanoniker symbolisiert, vor allem die des neuen Ordens der »Norbertiner« von Prémontré (1120). Diese schilderte der predigende und schreibende Abt von Clairvaux als symbolische Szene in seiner Parabel VI als göttliche Hochzeitsgeschenke des himmlischen Bräutigams für die von der Sonne gebräunte Äthiopierin, nämlich der legendären Königin von Saba, welche die Kirche darstellen soll. Diese wurde so zur Allegorie der Weisheit als Verehrerin des einzigartigen Salomon, des Königs der »Weisheit« Israels schlechthin.[305]

305 Bernhard von Clairvaux, Marienlob, Sermones, Sentenzen und Parabeln, Parabel VI. über die »Äthiopierin«, in: Werke 4 (1993), 862–865.

Wir konnten feststellen, dass die Zisterzienser, vor allem Bernhard, genau diese persönliche Verbindung zu den Kanonikern hatte. Er verdankte schon diesen Schulmeistern und Kanonikern aus dem Umfeld des hl. Augustinus von Hippo in Saint-Vorles von Châtillon-sur-Seine die hervorragenden Lateinkenntnisse, die wir noch heute bewundern müssen, seine staunenswerte Beziehung zur Sprache überhaupt und wohl auch sehr früh eine bemerkenswerte Vertrautheit mit der Bibel, zu der eine baldige Kenntnis der lateinischen Kirchenvätern *modo commentario* gehörte. Es war kennzeichnend für Bernhards Mentalität, dass er auch eifrig und »missionarisch« bedacht war, dass seine ehemaligen Lehrer möglichst bald auch »regulierte« Chorherren würden.[306]

Er pflegte die literarischen Kontakte zwischen Paris und Köln, vor allem was die Voraussetzung für die Missionspredigt bei den Katharern anlangte: Da war Wilhelm von Champeaux (†1121), der künftige Bischof von Châlons, sein Freund, einer der ersten Begründer der Scholastik, der ihn ordiniert hatte. Da war dessen Nachfolger im Kanonikerstift Saint-Victor zu Paris, Hugo von Saint-Victor (†1141), nebenbei ziemlich sicher ein Grafensohn der deutschen Niedersachsen. Der Augustiner Everwin, Propst von Steinfeld (1151/53) in der Eifel bei Köln diente Bernhard durch seine ins Detail gehenden Informationen über die rheinischen »Ketzer«. 1147 stellte er sich als sein Begleiter und wohl auch Dolmetscher bei der Kreuzzugspredigt im Rheinland und im übrigen Reich zur Verfügung.

Bernhard war bekanntlich genau informiert über die Kanonikerreform am Domstift zu Salzburg, die vom sel.

306 »Regulierung« der Chorherren von Vorles/Chatillon unter dem Einfluss Bernhards. Vgl. Werke 2 (1992), Ep. 33, 1–2, in: »An Hugo, den Abt von Pontigny, 416–419.

Gebhard (†1088) angestoßen wurde und unter seinem späteren Zeitgenossen, dem sel. Konrad I. von Abensberg (†1147), erfolgte. Er wurde dadurch auch mit dem sel. Gerhoch, den Propst von Reichersberg (†1169), bekannt, mit dem er sich übrigens in Bamberg zur Erörterung der Sakramentenfrage traf. Es ging um das uralte Donatistenproblem, nämlich um die Erörterung, ob ein notorisch sündhafter Priester ein gültiges Sakrament spenden könne oder nicht. Zu unterscheiden wäre hier zunächst »Gültigkeit« und »Erlaubnis« der sakralen Handlung. Ein Priester mit unwürdigem Lebenswandel könne z. B. im Notfall gültig zelebrieren oder Sakramente spenden. Die Frage blieb nur, ob der Zelebrant das immer auch in erlaubter Weise tun darf.

Der damalige Papst Innozenz II. (†1143), für dessen Wahl und Anerkennung Bernhard gekämpft hatte, befürwortete offensichtlich die Einschränkung des Zelebrationsrechts für schismatische Kleriker. Als Folge schmerzlicher Erfahrung des durch die doppelte Papstwahl verursachten Schismas neigte er offensichtlich ein wenig zum fakultativen Zelebrationsverbot, weil er von den Ketzern wusste, welchen Schaden notorisch unwürdige Priester bei aller Gültigkeit der Sakramente anzurichten vermögen.

Dazu war Bernhard mit dem hl. Norbert von Xanten seit dessen Lebenswerk, nämlich seiner Gründung von Prémontré in der Diözese Lâon (1120), sehr vertraut. Ein großer »kanonischer« Priesterorden war unversehens der ganzen Kirche geschenkt worden.

Es war keiner zufälligen Laune anzulasten, dass Bernhard bei der Predigt über die Sieben Seligpreisungen, immer wieder die jungen Kleriker zur »Gerechtigkeit« (*iustitia*) und zum Frieden (*pax*) aufrief, natürlich auch zur Keuschheit, aber jeweils im Hinblick auf die Seligpreisungen der ganzen Bergpredigt (Mt 5,3–9). Denn er musste gewusst haben, dass alle Kirchenspaltung letztlich von friedensfeindlicher Unmoral herrührte. Es glückte dem Prediger dabei, die Ketzerproblematik mit der damit drohenden und faktischen Kirchenspaltung des christlichen Ostens aufzugreifen. Es ging um Transsylvanien und um einen Streifen der Kölner Territorien sowie vor allem die Eifel, bis hin in die Normandie, nach Aquitanien, zurück in die Provence und hinüber in die Lombardei. Der Aufruhr hätte nach theologischer, spiritueller und pastoraler Bewältigung verlangt.

Es gelang Bernhard überzeugend, seinen Zuhörern und Lesern anhand einer spätrömischen Märtyrergestalt die präsumptive theologische und philosophische Wurzel fast aller Häresien und Kirchenspaltungen aufzuzeigen. Bernhard sah in der arianischen Irrlehre des Ostgotenkönigs Theoderich (†526) als weströmischen »Quasikaisers« in Ravenna die eigentliche und letzte Ursache für seine »terroristische« Rechtsauffassung. Das Opfer einer mangelnden Rechtskultur, einer unchristlichen Willkürherrschaft, der Verwechslung von Gewalt und Rechtsordnung, schließlich seiner Unfähigkeit zum »christlichen Humanismus« traf mit der ganzen Wucht den Philosophen und Verfasser des überzeitlichen Klassikers von den Tröstungen der wahren »Weisheit« (*De Consolatione Philosophiae*). Er zeigte noch im Angesicht der nicht mehr ausweichbaren Hinrichtung als Staatsverbrecher, dass angesichts des Todes die »Wahrheit« immer noch der größte Trost sei. Diese Schrift verfasste und schrieb der Philosoph in der Düsternis eines antiken Kerkers in Pavia (Herbst 523) angesichts einer bevorstehenden barbarischen Hinrichtung (†525). Offensichtlich hatte ihn doch die göttliche »Weisheit« erleuchtet und getröstet, wenn das angesichts der eingeplanten Folter überhaupt möglich war.

Es war der Staatsmann, Philosoph, Katholik und Rechtsgelehrte Anicius Manlius Torquatus Severinus Boethius (480–525), der aus den vornehmsten Familien Roms stammte. Der »Dietrich von Bern«, einer der vielbesungenen sagenhaften Gestalten der mittelhochdeutschen Heldenlyrik und Heldenepik, war dagegen, Gott sei's geklagt, der Arianer Theoderich der Große (†526), der Ostgotenkönig mit kaiserlichen Vollmachten in seiner imperialen Residenz Ravenna. In seiner Position hatte er zwar das Privileg des *Capital Punishment* für das ganze Imperium des Westens, aber offensichtlich weder eine Ahnung von römischer Rechtskultur noch von christlicher Humanität. Er war im Auftrag des oströmischen Kaisers bevollmächtigt worden, den letzten Kaiser des Westens nach Romulus Augustulus (†476) zu entmachten. Dieses hatte er ausgeführt, indem er Odoaker (†493), auch einen Germanen, sogar einen Skiren[307]), als potentiellen Rivalen in Italien, einfach meinte meucheln zu müssen.[308]

Es müßte zweierlei bedacht werden: erstens, dass dem König und Quasi-Kaiser des Okzidents vor allem auch

307 Herwig Wolfram, Die Goten. Von den Anfängen bis zur Mitte sechsten Jahrhundert, München 1990, 20 etc. Die Skiren siedelten an der Weichsel und im Karpatenbogen und gingen nicht ungern in den römischen Militärdienst. Sie waren bei den Ostgoten Theoderichs nicht sehr beliebt. Trotzdem schildert Wolfram die gewaltige Leistung des »Großen« Theoderich, die verschiedenen Germanenstämme zu vereinigen und die Skiren (Ottokars?) bis in den Raum Straubing/Regensburg zu verfolgen: Die Goten, aaO, 317.

308 Gerhard Wirth (Bonn), Art. »Odoaker«, in: LexMA (1993), 1360 f. Herwig Wolfram, Die Goten, aaO, Kap. »Die Ostgoten«, in: 249: »Theoderich der Große...hatte sich in einem harten Ausscheidungsverfahren als derjenige Gotenkönig durchgesetzt, der die gesamte Stammesüberlieferung in sich vereinigte.« Dazu gehörte wohl auch der heterodoxe Arius und seine Lehre.

das minimalste Verständnis für den »theandrischen« Gottessohn des Neuen Testaments fehlte, zweitens, dass ihm für die Konzilsformeln und das *Credo* vom »wahren Menschen und dem wahren Gott« die fundamentalste Kenntnis gefehlt haben müsste. Trotz erstaunlicher politischer Fähigkeiten fehlte dem Gotenkönig Theoderich (†526) die leiseste Befähigung für einen »katholischen« Humanismus. Möglicherweise war dieses Manko auch altersbedingt. Außerdem belastete ihn vielfältig eine in jungen Jahren erlittene Traumatisierung als Geiselhäftling in Konstantinopel.

Zur christologischen Dogmatisierung von der Gottgleichheit Jesu hatten sich bekanntlich die Allgemeinen Konzilien von Nizäa (325) bis Chalcedon (451) durchgerungen. Diese Entwicklung der dogmatischen »Orthodoxie« zu folgen, vermochten die »Barbaren« des Ostens nur ausnahmsweise. Das war etwa der geschichtsmächtige Fall in der Person der hl. Clotilde (†511), der burgundisch ostgermanischen Gattin des fränkischen Königs Clovis (Chlodwig, †545). Sie war eine rühmliche Ausnahme säkularen und providenziellen Ausmaßes. Dafür hatten die »Katharer« aller Zeiten kein Verständnis aufgebracht.

Der friedfertige Held des Nibelungen-Epos aus dem 12. Jahrhundert und des älteren Hildebrandslieds wurde in der geschichtlichen Realität auch wegen seines Glaubensmangels (*last, but not least*) geradezu zum argwöhnischen Monster. Seine schon erwähnte langjährige Geiselhaft in Byzanz und sein altersbedingter Verfolgungswahn mag seine bösen Handlungen etwas verständlicher machen, auch wenn man sie nicht entschuldigen kann.

So wurde für den Allerheiligenprediger Bernhard von Clairvaux (†1153) der Märtyrer Boethius (†524), recht verstanden, ein »Nothelfer« für die studierende Jugend von Paris und für das ganze gebildete Mittelalter. Dabei darf man auch auf seine Rezeption im 13./14. Jahrhundert bei Dante Alighieri (†1321) in *Paradiso* X, (124–129) zurückkommen.

Die Kardinaltugenden[309], die der Prediger Bernhard seiner jungen Zuhörerschaft als heilende Medizin verschrieb, waren die moralischen Kräfte des »Märtyrers« Boethius. Diese müssten an sich griechisch wiedergegeben werden, weil sie zunächst aus der Philosophie und Weisheit des alten Hellas stammten. Es war das Verdienst und das Kunststück der altchristlichen Antike, die hellenische Ethik total zu verchristlichen:

Es waren dies *sapientia, intellectus, concilium (prudentia), scientia, fortitudo, timor Domini, pietas*. In Boethius verbanden sich die Weisheit (*sapientia*) eines säkularen Gelehrten mit der Einsicht (*intellectus*) für die wahre Lehre, die mit dem Arianismus nichts anzufangen wusste. Er wäre ein kompetenter Diplomat, Statthalter und Konsul gewesen durch seine vielseitige »Wissenschaft« (die *scientia*), begabt auch mit hoher politischer Klugheit, Inhaber der Gabe des »Rates« (*concilium*). Vielleicht verwandte er die Klugheit nicht als juridische Raffinesse beim Prozess, wo es um Leben und Tod ging. Er war auch ein geborener Rechtsgelehrter mit einem subtilen Gespür für Recht und Unrecht (*iustitia*). Er vertrat den Rechtsstandpunkt mit der Unerschrockenheit, der Offenheit und auch der Unvorsichtigkeit (der *fortitudo*) des Märtyrers. Er liebte Familie, Standesgenossen,

309 Kardinaltugenden nach Ambrosius: Die »Krone der Weisheit (*sapientia*)« ist die Furcht des Herrn (*timor Domini*: Sir 1, 22): *intellectus, scientia, concilium, fortitudo, pietas*. Vgl. oben Anm. 58. Carolus Schenkl, *De Paradiso*, Vol. 32/1, in: CSEL 32, *S. Ambrosii Opera*, Wien etc. 1896, 272 ff.

Kirche und Reich. Das müsste man in besonderer Weise als seine *pietas* gelten lassen.

Dafür konnte der ostgotische Barbarenkönig und traumatisierte ehemalige Geiselhäftling, der Kaiser zu Konstantinopel, der »Quasi-Kaiser« des Westens mit allen kaiserlichen Vollmachten einschließlich der Todesstrafe kein Gespür haben. Er blieb auch in vorgerücktem Alter nichts anderes als ein argwöhnischer Emporkömmling. Wenn er überhaupt ein gläubiger Christ war, dann musste er sein Christentum nicht ohne eine grausame, erschreckende und menschenverachtende Christologie verstanden haben. Seine Auffassung des Erlösers erlaubte keine Annahme einer wirklichen Gottessohnschaft in Jesus von Nazareth. Das sollte auch zum »Leitmotiv« werden für den immer wieder erwachenden abgrundtiefen Hass gegen Christen, Priester und kirchliche Einrichtungen seitens eines ungläubigen Barbarentums, das zu allen Zeiten möglich ist.

Ein gelehrter Psychotherapeut mag einmal eingehend überprüfen, ob und wie die neuzeitlichen satanischen Einrichtungen moderner Kolchosen, Vernichtungslager, Folterkammern, Konzentrationslager, die Phänomene des Massenmords, des Terrorismus, gigantischer Vernichtungswaffen und vor allem verschiedener Formen des Genozids als Folgen des Glaubensverlustes verstanden werden könnten. Denn dem allen mag, wie es scheint, ein uraltes dogmatistisches »Arianertum« der Spätantike zugrunde liegen, mit dem sich schon der geniale hl. Irenäus von Lyon (†200) anlegen musste: Seine Arianer verglich er bekanntlich mit den »tückischen Seeräubern« seiner Zeit.[310] Ihre schwarzen Flaggen be-

310 Vgl. die von Norbert Brox besorgte lateinisch-deutsche Irenäusausgabe in den *Fontes Christiani* (FC), Adversus haereses, Bd. 1–5, Freiburg/Br., 1993–2001.

achteten gewöhnlich nichts ahnende Seeleute, bis es zu spät gewesen sei. Die Piraten kämen einzig und allein, um zu morden, zu stehlen, zu rauben und zu schänden. Daher seien sie nicht fähig, ein geordnetes Gemeinwesen aufzubauen.

## Register

### A



### B

## C



## D

## E



## F



## G

## H

## I



## J



## K



## L

**M**



**N**

**T**



? Templer ?

**V**



**W**

## Z